◇ 和创造世界名牌的人
『 一起放飞梦想 』

◇ 山姆大叔的沃尔玛

shanmudashu de woerma

◇ 梁换林 ◆ 编著

吉林出版集团有限责任公司

图书在版编目（CIP）数据

山姆大叔的沃尔玛/梁换林编著.--长春:吉林出版集团有限责任公司，2014.8

（和创造世界名牌的人一起放飞梦想）

ISBN 978-7-5534-4064-4

Ⅰ.①山…Ⅱ.①梁…Ⅲ.①沃尔顿，S.（1918～1992）—生平事迹—青少年读物Ⅳ.①K837.125.38-49

中国版本图书馆CIP数据核字（2014）第160223号

山姆大叔的沃尔玛
SHANMU DASHU DE WO'ERMA

编　　著：梁换林
项目负责：陈　曲
责任编辑：陈　曲
出　　版：吉林出版集团股份有限公司
发　　行：吉林出版集团社科图书有限公司
电　　话：0431-81629727
印　　刷：北京一鑫印务有限责任公司
开　　本：710mm×960mm　1/16
字　　数：100千字
印　　张：12
版　　次：2014年9月第1版
印　　次：2019年7月第2次印刷
书　　号：ISBN 978-7-5534-4064-4
定　　价：23.80元

如发现印装质量问题，影响阅读，请与出版方联系调换。0431-81629727

梦想与生命共存　传奇与我们同在

当你拥有这套《和创造世界名牌的人一起放飞梦想》系列丛书并真正读懂它的时候，祝贺你，你已经向成功又迈进了一大步，并可以为自己的人生勾画一张蓝图了。

开卷有益，我们不是猎奇，不是对世界名人和超级品牌的奇闻轶事简单地一声惊叹，而且通过阅读，让我们的视野变得更加开阔，让我们能够更好地认识这个世界，并找到适合自己的成功之路。

这是一套全方位满足你阅读愿望的好书，文字鲜活，引人入胜。这里有商界巨鳄的传奇创业故事，也有他们普通如你我的日常生活，当你随着一行行文字重走他们的人生之路时，你的心一定会在波澜起伏中感到一种快意。或许他们的成功不能复制，但是他们的坚忍、执着、宽容——这些成功的要素，我们可以复制。

通过阅读名人的成长故事，重温名人的创业之路，我们会发现，健全的人格、自由的意志、高远的理想、敢于实践的勇气、高瞻远瞩的见地、坚毅勇敢的性格、理性处世的原则、独立思考的习惯、幽默风趣的表达方式……一个人成功的诸多要素都以具体而形象的方式展现在你的面前。

每个人都有自己的生活轨迹，然而成功之路殊途同归，这一路上你的行囊里必须要装入梦想、希望、宽容和坚忍。

请给自己一个梦想吧！梦想是成功的种子，梦想是希望的支点。从这套书中你会发现，每一个了不起的品牌里都承载了品牌创始人那激越的梦想。是梦想，让他们充满激情，斗志昂扬；是梦想，在困境中带给他们希望，让他们有了坚持下去的勇气；是梦想，激励他们不断向前进！

为梦想不懈地努力吧！从这套书中你会明白，任何人的成功都不会一帆风顺，在鲜花和掌声的背后，有太多不为人知的痛苦。那些创业中的失败、徘徊和挫折，对我们来说更具有启迪的价值。真正的勇敢者，并不是无所畏惧，而是在面对挫折的时候，能及时调整自己，正视艰难困苦，不放弃希望。所谓成功，不过是努力的另一个名字罢了。

伟大的戏剧家莎士比亚曾说："一个最困苦、最卑贱、最为命运所屈辱的人，只要还抱有希望，便无所怨惧。"

生命只有一次，让我们在阅读中汲取无穷的力量吧！《和创造世界名牌的人一起放飞梦想》系列丛书会带你走进一个传奇世界，仔细阅读并把你的梦想付诸实践，你也许会成为下一个传奇。

带上我们的梦想启程，为我们璀璨夺目的人生而奋斗！

目录 Content

前 言

Introduction

沃尔玛是世界最大的连锁零售机构。自2002年以来，沃尔玛已6次位居美国《财富》杂志全球500强排行榜榜首。沃尔玛还于2002年、2003年连续两年荣登《财富》杂志"全美最受尊敬的公司"排行榜榜首。

据统计，截至2010年，沃尔玛在全球有8500家门店，员工总数超过200万人，分布在美国、墨西哥、巴西、阿根廷、英国、加拿大、中国、日本以及哥斯达黎加等16个国家。世界上每周到沃尔玛购物的顾客已达1.76亿人次。而沃尔玛2008年的营业收入是1968年的近20000倍，利润是1968年的22000倍。

沃尔玛所取得的成就已经令世界各行各业称羡不已，甚至人们习惯把某行业的龙头老大称为该行业的"沃尔玛"，可见，沃尔玛已成为成功与卓越的代名词。

创造这一零售奇迹的是一个地道的美国人——山姆·沃尔顿，他的历史生动地诠释了创业精神，是"美国梦"的缩影。山姆从小就养成了满怀热情地去做他感兴趣的一切事情的习惯，并获得成功。山姆不是那类有特殊天分的学生，但是，他十分用功。

山姆从一个十足的新手起步，学习生意经，擦地板，记账，装饰橱窗，称糖果，管理收银机，装潢店堂，安置设备，建立起一个如此大规模的公司，并且一直坚持到最后，而这一切的原因是山姆喜欢这么干。

山姆认为不论你要建立多大规模的企业，毋庸置疑，创造一个协同工作的团队并且赋予其真正的"团结"精神很重要。

山姆认为想要成功，你就应该去不断追求目标，而且要把目标定得高一些。他就是这样做的，沃尔玛的员工总有自己的工作目标。而且，在每周六的晨会上，山姆会把他们共同的目标和进展情况写在牌子上。如果想达到自己设定的目标，就不得不每天为之奋斗，费尽心思，坚持不懈。

山姆·沃尔顿比所有人都懂得，任何企业的存在都离不开顾客。山姆说："顾客满意是保证未来成功与成长的最好投资。"事实上，如果从顾客的角度出发，就会发现企业有许多需要调整或改进的地方。山姆·沃尔顿一生都热爱自己的工作，甚至沃尔玛的成就都是他用生命换来的。

和创造世界名牌的人

一起放飞梦想

Let the dream fly

Sam Walton

第一章　沃尔玛的传奇历程

Sam Walton

第一节　沃尔玛的发展历程

> 如果想达到自己设定的目标，就不得不每天为之奋斗，费尽心思，坚持不懈。
>
> ——山姆·沃尔顿

沃尔玛是由山姆·沃尔顿先生于1962年在美国阿肯色州的罗杰斯城建立的，1980年沃尔玛公司只有276家商店，12亿美元的销售额；截至2010年，沃尔玛已有了8500多家商店，2570亿美元的销售额。这一切不是靠运气或者是登上了经济快车实现的，而是由无数相信"不可能"会变为"可能"的沃尔玛人实现的。

在短短50年的时间里，沃尔玛创造了全球零售业的一个奇迹。沃尔玛在取得企业经营巨大成功的同时，给顾客、供应商甚至整个社会带来了很大的影响。全球无数的顾客从其"天天平价"中受益，数以万计的各国供应商为其提供产品和服务。沃尔玛已发展成为零售业乃至整个企业界的一个标杆。

1940年~1962年　酝酿期

沃尔玛的历史可以追溯到20世纪40年代，创始人山姆·沃尔顿于1940年加入了当时美国最大的百货公司——彭尼百货，开始了他的零售业生涯。由于服兵役，山姆在彭尼公司只干了18个月。

1945年，战争结束，山姆也结束了他的军旅生涯回到家中，准备自己创业。1945年9月，山姆的第一家商店在阿肯色州小镇新港开业了。后来因为小店发展太好，店铺被房东收回了，同时山姆也放弃了在新港的另一家商店，于1951年，带着全家搬到本顿维尔，并在那里买下了一家名叫哈里逊的杂货店，小店被命名为"沃尔顿廉价商店"。在这里，山姆的事业真正起步了。

经过十几年的辛勤探索，到20世纪60年代初山姆在零售业中已取得了比较可喜的成绩。此时美国折扣业兴起，山姆判断小镇杂货店已处在生死存亡的关键时刻，必须重新做出规划，否则将一败涂地。山姆认为折扣店将是零售业未来的主流，他决定进军折扣业。

1962年7月2日，第一家沃尔玛折扣百货店在罗杰斯城开业，店名为"Wal-Mart"，沃尔玛真正诞生了。

1962年~1980年　初创期

这一时期的美国零售业变化很大，一方面受经济大萧条影响，各地零售业都发展缓慢。好多处于大城市的零售公司在此时面临倒闭，好在沃尔玛的小城镇战略使其未受影响而稳步前进。另一方面，20世纪70年代经济复苏，销售技术越来越先进，随着电脑技术和分销系统的应用，零售业进入发展关键期。

然而山姆并没有因此退缩，而是积极加入到竞争中来，在夹缝中求生存，此时最大的困难在于沃尔玛的扩张速度已经超过了山姆筹资的速度。

1971年沃尔玛股票上市，有了资金支持，山姆开始了大刀阔斧的扩张行动。虽然这一时期沃尔玛实现了快速发展，但在行业中的地位仍旧微不足道。如果折扣业继续保持兴旺稳健的发展势头，沃尔玛必定会被大公司挤垮。

然而20世纪70年代中期，折扣业的不景气给了沃尔玛崛起的机会。到1979年，沃尔玛的销售额已达12.48亿美元，一跃成为全美最年轻的年销售收入超10亿美元的零售公司，同时也是区域性零售公司中唯一销售收入超过10亿美元的公司。

1981年~1990年　扩张期

沃尔玛实现真正的飞跃是在20世纪80年代，这一时期可以称为沃尔玛的黄金10年。向全国扩展是20世纪80年代沃尔玛发展战略的核心。为了成为全国性公司，沃尔玛在这一时期实施了很多扩张策略。

在向全美国扩张时，沃尔玛基本采用的是"逐步填满"和"边缘占领"的渗透策略。先在一个州发展，然后在已进入地区的周围发展，或在现有配送中心的500余公里的半径内发展，待这个州填满后再向其他州扩张，同时，沃尔玛也通过收购进入其他州，以此实现迅速突破。

1980年，沃尔玛销售额为16亿美元，是位居全美第一的西尔斯公司销售额的9%。而在1990年，沃尔玛超过了百年老店西尔斯，成为全美零售第一大公司。

1991年~2009年　全球化发展期

从1991年开始沃尔玛进军海外。迄今为止，沃尔玛的全球化道路已经走了近20年，而且还在继续走下去。近20年的全球化道路并非一路平坦，中间遇到过很多困难，也遭遇到挫折甚至失败，但总体看，沃尔玛的全球化已经取得了巨大的成绩。

1992年，沃尔玛海外商店的数量只有10个，还不到全部商店数（2148家）的0.5%，到2009年，海外商店达3635家，约占总店数（7899家）的46%，公司的营业收入有24.6%来自海外。在近20年的全球化过程中，沃尔玛积累了丰富的经验与教训，值得我们去思考和研究。

第二节　山姆·沃尔顿

> 我可以诚实地说，如果能从头来过，我还会做出同样的选择。
>
> ——山姆·沃尔顿

美国著名的作家汤姆·彼得斯说，也许除了亨利·福特以外，山姆·沃尔顿就是本世纪（20世纪）最出色的企业家。

现在，我们大体了解了山姆·沃尔顿的一生。在寻找他的成长足迹时，看到的全部是他在工作中如何思考，如何决策，如何行动，很少有生活化的内容。可以说在山姆这里，工作就是生活，沃尔玛公司的成长过程就是山姆·沃尔顿的生命历程。

从沃尔玛公司开创、成长到成为行业先锋，山姆在整个过程中掌握着领导权。他所得到的回报超出了预期。年轻时山姆就想通过自己的努力，看看到底能走多远，结果创造了沃尔玛零售帝国。

山姆·沃尔顿一生都热爱自己的工作。假如某一刻他不是在商店给同事们打气以创造更好的业绩，或者坐在办公室检查报表以便发现是不是有麻烦需要解决，或者在周六的晨会领导着大伙喊口号，那么他有可能坐在飞机的操纵杆旁，俯瞰着这个美丽国家，顺便看看停在沃尔玛停车场上的小汽车数目，或者有可能花上几个小时打网球或带着狗打猎。

山姆全身心地投入沃尔玛公司，几乎放弃所有和家人共度的时光。回忆起沃尔玛的发展，山姆猜想假如当时采取不同的选择，将会有许多不同的结果。许多同他一样在零售业开创自己事业的人，把公司发展到一定规模之后就说"我已经赚够了"，于是将公司出售，去买下一座小岛坐享清福。

山姆也可以功成身退，和子孙们一起玩耍，或者同妻子一起把余生献给其他较为轻松的工作。但是他没有，他把一生都奉献在沃尔玛。

在这个世界上，可能已找不出第二个人，像山姆一样从一个十足的新手起步，学习生意经，擦地板，记账，装饰橱窗，称糖果，管理收银机，装潢店堂，安置设备，建立起一个如此大规模的公司，并且一直坚持到最后，而这一切的原因是山姆喜欢这么干。

现在看来，山姆·沃尔顿的成就是用生命换来的。如果想达到自己设定的目标，山姆就不得不每天为之奋斗，殚精竭虑，坚持不懈。

戴维·格拉斯评价山姆的话是对的：每天起床他就开始想着要去改进一些东西。而山姆的老朋友查利·鲍姆说得也对：山姆一直被一种追求卓越的念头所驱使。对此山姆自己说："我可以诚实地说，如果能从头来过，我还会做出同样的选择。"

牧师安抚我们的心灵，医生医治我们的疾病，教师启迪我们的智慧，这个世界上每个人都要扮演自己的角色。山姆认为唯一可以改善人们生活质量的办法，就是以正确和道德的方式来发展我们称之为"自由企业"的机制，它对大萧条时期成长起来的山姆那代人来说是真实可信的。

最初开店，山姆仅仅是为了营利。他们的经营策略是以尽可能低的价格出售质量最高的商品，吸引顾客上门，以获得更多的利润。而正因如此，沃尔玛提高了顾客的生活水平，为他们节约了数以亿计的美元；沃尔玛也改善了员工们的生活水平。而这两大群体中的许多人又投资于沃尔玛的股票并年年获利。

固然，不是每个在沃尔玛公司工作的人都发了财，但是在这儿工作的大部分员工购买了他们自己的第一辆汽车，购买

了自己的第一套住房，有些员工退休后获得了百万美元的利润分红。与绝大多数的公司相比，沃尔玛在更大程度上帮助了员工。

在沃尔玛工作的员工们，如果相信沃尔玛的理想和目标并身体力行，他们会从工作经历中得到一些精神上的满足。

在沃尔玛，员工学会了站直身子，正视客户并和他们交谈，培养了良好的自我感觉，他们在沃尔玛赢得了自信，改善了自我。员工中也有很多人决定去读大学，或经营一家商店，或者学点想学的东西并开办自己的事业，或者去做一项引以为豪的工作。沃尔玛公司填满了他们的钱包，也树立了他们的自信。

倘若沃尔玛公司没有存在过，数以百万计的人不会过得像今天这么富足。因此山姆对自己的人生选择感到十分自豪。

Sam Walton

第二章　宝剑锋从磨砺出

Sam Walton

第一节　在逆境中汲取营养

独立自主，自力更生是最富启发的童年。

——山姆·沃尔顿

美国的《财富》杂志在近期给了沃尔顿家族这样的评论："忘了比尔·盖茨和巴菲特吧！在美国，真正对经济和社会有影响力的是沃尔顿家族，他们拥有沃尔玛（Wal－Mart）39％的股份，沃尔顿家族掌握财富达到900亿美元。"山姆·沃尔顿是这个家族财富的最重要创造者。

沃尔玛的创始人山姆·沃尔顿，1918年3月29日出生于美国阿肯色州的一个偏僻小镇上。他是家里的长子，洗礼时，山姆被命名为塞谬尔·摩尔·沃尔顿，山姆是他的昵称。父亲曾是银行职员，母亲是普通的劳动妇女，他们家境贫寒，勤俭节约，山姆出生3年后，迎来了他的弟弟小巴德。

山姆的童年没有玩具，没有游乐园，有的只是母亲空闲时讲给他的几段童话和勤俭节约的生活习惯。他从7岁上小学开始靠自己打工赚取零用钱直到22岁大学毕业拿到学士学位。由于自己估算到半工半读上研究生不现实，所以他放弃了进入宾夕法尼亚州的沃顿商学院继续深造的机会。

幼时的山姆·沃尔顿虽然生活在一个并不富裕的家庭，但他的父母亲具有良好的品德修养。父亲不只做过银行职员，还做过农场评估人、保险代理人和经纪人等与经济密切相关的工作。山姆的父亲总是能与交易对方很友好地讨价还价，并达到期望的效果。对此，山姆很羡慕并暗自琢磨父亲与商家谈论时的语言和技巧。

山姆的母亲不但做事勤奋、待人热诚，而且酷爱读书，并且把家中的一切事务都打理得井井有条。她总是把自己读过的故事用悦耳动听的声音讲给山姆听。虽然有时饥肠辘辘，山姆却能常常伴着美妙的故事与梦想入睡。因此山姆对未知世界充满了好奇和期待，对未来充满了美好的设想。

父母勤俭节约的生活习惯给山姆留下极其深刻的印象，在山姆·沃尔顿心目中早已根深蒂固地扎下了"对每一分钱都珍惜不已"的观念。以至于在沃尔顿零售店逐步崛起的奋斗史上，节俭仍是他和他的员工始终持有的态度和习惯，也是他在世界范围内获得成功的最基本的素质。

山姆的弟弟巴德曾说过一个假设："假如有1分钱掉在地上，能有多少人会弯下腰去拾起来呢？至少我会，我想山姆也会。"山姆与巴德对待金钱的态度绝对一致，那就是：绝不乱花一分钱。这不只是由于家庭经济拮据，更重要的是父母亲对他们从小的教育和习惯的培养。

第二节　勤劳而富有个性的一家

成功来自99%的汗水和1%的天赋。

——爱迪生

山姆的母亲只读过一年大学就退学结婚了。她虽然没有接受完大学教育，但读过很多书，而且热爱教育，对子女寄予很大的希望。她从一开始就希望山姆能上大学并有所作为。每当做一件事时，母亲总会鼓励他要尽自己的力量做到最好。山姆也会十分认真地去做。所以，从小山姆就形成了满怀热情地去做他感兴趣的一切事情的习惯。

山姆的父亲托马斯·吉布森·沃尔顿对待工作非常勤奋认真，用山姆的话说，他的父亲是位极其敬业的工人，他不仅每天很早就起床，而且工作时间常常比别的工人要长很多。托马斯是位地道的老实人，他品性正直，从不与人争执。但他也是位有个性的人，与其交往过的人都记得他的善良与正直。

托马斯·吉布森·沃尔顿非常喜欢做交易。马、牛、房屋、农场、汽车等自己不急用的东西他都会拿来与别人交易，换回急需的物品。托马斯曾经用金菲舍的农场换回位于俄克拉何马州的另外一座农场。还有一次，他用手表换回一头猪。在经常性的交易中，让托马斯学会了辨别货物的品质，并与交易

对方进行礼貌而合理的讨价还价。

那时的山姆也像父亲一样勤劳，是一个勤快的小男孩。山姆小时候，他妈妈开过一家小牛奶店，他每天天刚亮就起床为家里的奶牛挤奶。然后母亲进行加工和装瓶，山姆在下午踢完足球后，再挨家挨户把奶送给订户，并每加仑收取10美分。那时最高兴的事是，山姆的妈妈会提取奶油做冰淇淋。

山姆小时候还饲养过兔子和鸽子，长成后将它们出售。不仅如此，幼小的山姆还推销过杂志，推销一份只赚5分钱。山姆从小就懂得赚钱的重要和辛苦，体会过辛苦的价值。山姆一家人都努力工作。"设法存下每一分钱"成为沃尔顿家族的人在对待金钱上的金科玉律。

当山姆5岁、弟弟2岁时，父亲决定离开不景气的农场，举家搬迁到密苏里州。在那里父亲托马斯做了位农场贷款调查员。少年的山姆正值美国大萧条时期，这时全国不景气的经济状况严重打击了以农业为主的美国中西部地区。山姆父亲托马斯的保险和信贷抵押公司在这时也遭遇了破产。所以托马斯一家在这个时期辗转搬迁过好多个地方。

山姆上小学时在春田镇，后来搬到马歇尔；而上高中时又搬到了谢尔比；而后于1933年全家搬到了哥伦比亚。当时的哥伦比亚已经是美国较大的城镇了，而且密苏里大学就在哥伦比亚。山姆在这里一直住到大学毕业。

山姆就在这样的环境中度过了自己的童年和少年。时代和家庭在他身上打下了很深的烙印。山姆在母亲的鼓励和支持下，在窘迫的生活和萧条的环境中，慢慢形成了每做一件事就要做到最好的习惯，并总是坚信自己肯定能成功。

山姆从小学七年级起就开始送报赚钱，一直到上大学后才停止。从高中到大学毕业，山姆的学费和生活费基本都是自己打工赚来的。他从小就知道，孩子帮家里赚钱养家，做个贡献者而不是光做个获取者，对一个孩子和家庭来说是很重要的。

在自己赚钱的少年和青年时代，山姆懂得了用自己的双手赚取一个美元是多么艰辛的事；同时他也明白，这样做是非常值得的。

第三节　投球不在行，指挥很出色

懂得发挥长处，才有可能获得成功。

——山姆·沃尔顿

山姆的母亲是位相当出色的鼓励者。她常常告诉山姆干任何事情都应该始终尽自己力量把它干好。而山姆也总是满怀热情地去从事他感兴趣的一切事情以获得成功。山姆从小就为自己树立了极高的个人目标。

不知道从什么时候开始，山姆发现自己变得雄心勃勃，也许是从他呱呱落地的那一刻就已具有，也许是在从小参与家庭与社会事务中逐渐锻炼出来的。他发现自己总是能设计好要办的事，并达到预期效果。

在密苏里州马歇尔镇上小学的时候，山姆就已有了雄心壮志。他在班上当了好多年的班长，他也同其他孩子一起玩橄榄球、棒球和篮球；在夏天，他还常游泳。每次玩耍他都希望自己能超过别人，他有很强的竞争意识。

山姆曾是马歇尔镇的童子军。那时他与其他伙伴打赌，看谁第一个得到鹰徽。虽然此间，他们已搬到另一个小镇。但是他在童子军队里的表现已经让他获得了赢取鹰徽的条件。13岁那年，山姆得到了鹰徽，他是当时密苏里州历史上最年轻的得到鹰徽的童子军。

据当时的某报纸报道，14岁的山姆·沃尔顿于某个星期四下午从索尔特河中抢救了一名落水儿童唐纳德·彼特森。当时，唐纳德掉入河中，水很深，他无法爬上岸来，大喊救命。和孩子们一起来的洛伊·琼斯想尽办法想把他拉上来，但是唐纳德的拼命挣扎，反而几次把琼斯先生拖下水。这时正在不远处的山姆听到了，就在唐纳德第五次沉入水中的危难之际，他从背后抓住唐纳德，利用他在受训时学到的技巧把他拖上岸，并对唐纳德施行人工呼吸。

那时唐纳德已失去知觉，全身发紫。山姆花好长时间才使他苏醒过来。山姆能顺利救助唐纳德，大多数本领是参加童子军时学到的。

山姆在小学五年级时就开始参加球队，学习如何协同作战。他的一个朋友的父亲组织一群少年成立了一个美式橄榄球队。他们与其他城镇，如敖德萨、锡代利亚和里士满镇的球队比赛。在比赛中山姆深刻体会到队员之间相互合作的重要性。

球队生活是山姆整个高中及大学生活的重要组成部分。山姆移居谢尔拜纳镇时，参加橄榄球队的经验已超过九年级的大多数孩子。虽然山姆当时个子仍然很小，但他能成为球队的二线四分卫，已知道许多关于阻人、绊人和传球的技巧。山姆极有进取心，所以他能获得校名首字母的标志。

后来山姆一家搬到了密苏里州的哥伦比亚镇，就读那里的希克曼高级中学。校内所有的活动几乎都有山姆参加。山姆不是那类有特殊天分的学生，但是，他学习用功，因此获得过很多荣誉。他在高中和大学期间都当过学生会主席。山姆同时还是许多俱乐部的活跃分子。尤其是在演说俱乐部，山姆被推选为最多才多艺的男生。山姆还是体育馆的常客。山姆喜欢上去体育馆打篮球，但他终究未能入选篮球队。

在中学读高年级时，山姆被选进了篮球队当了一名后卫。山姆投球技术一般，但他的控球水平相当高，是个真正的理想的球场指挥。山姆喜欢指挥球队作战。他率领的球队曾经获得过州冠军，这令他印象非常深刻。

不仅如此，山姆在高中时，还是学校橄榄球队的四分卫。那也是一支常胜不败的队伍，也赢得过州冠军。山姆自己曾这样描述他们球队的情形："我的球投得并不特别棒，因为我们的球队基本上是一个以跑为特点的球队。作为一名后卫来说我的速度不算快，但是我足智多谋，有时还非常狡猾，所以能在瞬间骗过对方，扑到球。在防守中，我最高兴的事情是教练让我打中后卫。我对球将飞向哪里有敏锐的感觉，我确实热爱打球。我猜想我作为一个运动员是完全有实力的。"在这时山姆就显示出与其他人的不同之处，他体育才能一般，但他是一位出色的调动者和指挥者。

有件事山姆自己都难以置信，在他的一生中，从未输过一场橄榄球赛。虽然获胜的功劳并不在于他一个人，但实际上，他所参加的比赛中，山姆使许多队员拥有获胜信心，并在争取比赛主动权方面获得过优势。

第四节 校内公职竞选

机会只留给有准备的人。

——山姆·沃尔顿

尽管山姆出生于农民家庭，是个地道的乡下人，但是由于他在常胜不败的州冠军队——希克曼丘比斯队——打过四分卫，在哥伦比亚镇附近一带也小有名气，所以进入密苏里大学后，山姆也顺理成章地进入橄榄球队。

在密苏里大学，有许多学生组织的联谊会。而大多数的联谊会只对家庭富裕的学生开放，来自乡下家境贫寒的学生通常没有资格参加。但是他们举行的招待会却邀请山姆加入，尽管他也只是个乡巴佬。后来山姆选择了最有名气的贝塔-赛塔派联谊会，因为该组织是学校最顶尖的联谊会，多年来这个组织一直领导着这个学校的运动员联盟。

山姆在密苏里大学读大学二年级时，贝塔联谊会的同仁们推举他担任组长，专门负责吸收会员。为此，山姆还自己筹钱买了辆真正的老式福特汽车。

那个夏天，山姆驾车跑遍了密苏里州的各个地方，想方设法与贝塔联谊会想要网罗的候选会员会晤。后来，山姆回想起当年满怀着竞争的精神和勃勃雄心，他说当时的自己甚至产生过有朝一日要成为美国总统的想法。

大学二年级时，山姆已经产生了要当学生会主席的想法。他细心观察所有学校领导们的行为习惯和处事方式，山姆从中学会很多。对于拓展人脉，山姆发现一个很简单而又非常奏效的做法：对迎面走来的任何人主动打招呼。这么简单的事，每个人都能做得到，只是山姆从一开始就这样做，并把这一习惯一直延续到创建沃尔玛超市。

山姆在大学校园里很有声望。他在走路时总是目视前方，向朝他走来的每个人寒暄问好。如果认识，一定要叫出他的名字；如果不认识，他也会很热情地主动同他们打招呼。不久，他认识的同学比大学中其他任何人都多。他们也都认识山姆，并把他看作是自己的朋友。

山姆还参加了校内各种学生团体的职位竞选。山姆被选为大学高年级优等生协会的主席（QEBH），这也是他所在联谊会的职务之一，同时他还是大学高年级的班长。不仅如此，山姆还是校内美国后备军官训练团（ROTC）的精锐军事组织"鞘与刃"剑社的队长和主席。

有本学报还专门报道过山姆在学校时的优异表现。1940年《大学联谊会报》上一篇名为《精力充沛的沃尔顿》的文章里写道：

山姆是一个少有的学生，他竟叫得出每一个门房的名字。他在教堂里传递盘子，喜欢参加各种组织……山姆的领导才能已成为成功的基础。

他穿军服使他得了个"小凯撒"的大名。由于他担任读经班班长，得了个"教堂执事"的绰号。

伯劳尔读经班，是由密苏里大学和斯蒂芬学院的学生组成的一个大班级集体，山姆在密苏里大学读书时，担任过这个大型读经班的班长。大学期间，对于竞选公职充满了激情和活力。奇怪的是，毕业后他再也没有主动参加过公职竞选。

虽然山姆在大学期间比较热衷于参加各种学生团体并参加各种竞赛，但是，这丝毫没有影响到山姆用功学习。无论何时，山姆总是精力充沛，认真学习，像他参加工作后的用功劲儿一样。山姆1940年从密苏里大学毕业，并取得商学学士学位。

第五节　专业送报员

> 用辛苦赚来的钱享受着大学里充实而又充满竞争的学习生活。
>
> ——山姆·沃尔顿

从7岁起山姆就开始送报，那时还只是赚取少许零用钱，上高中时，已够自己买衣服和支付一部分饭钱。而上大学后，山姆的开支一下子增加了许多，不仅需要缴学费，还需要交参加联谊会的会费、交女朋友的花销。当时恰逢大萧条时期，父母也没有多余的钱来帮助他支付这些各种各样的花费，因此，山姆进入大学后增加了几条送报线路，还雇了几个人帮忙。大学期间仅送报一项工作，已经成为山姆收入不错的业务之一。他每年大约可赚取4000到5000美元，这在大萧条时期是笔相当可观的收入。

作为一名资深送报员，山姆早已得到邮局的认可，并成为他们的头号推销员。每当开学时，邮局发行部都会在学校开展征订活动，在大学联谊会和女生联谊会的学生中征求订户。山姆比其他任何人都能取得更多的订户。对邮局来说，山姆也是忠心耿耿、值得信任的员工，虽然山姆偶尔会出些小差错。

在校期间，山姆不仅送报，还兼做其他工作，包括做餐厅

服务生，负责游泳池安全的救生员。他每天都很忙碌，所以有时会注意力不集中而导致忘记一两件事。但是，人们都知道，只要山姆能集中精力干某件事时，那就绝对会干好。他用辛苦赚来的钱享受着大学里充实而又充满竞争的学习生活。山姆不仅珍惜每一美元，而且他珍惜每一分钟。

1940年，山姆从密苏里大学毕业，他原计划拿到学士学位后进入宾夕法尼亚州的沃顿商学院继续深造。但快毕业时，山姆意识到半工半读根本无法筹足去沃顿商学院继续学习的费用。于是，他决定放弃继续学习，选择工作，在一个实际工作岗位上施展自己的才能。

Sam Walton

第三章　星星之火

Sam Walton

第一节 涉足零售业

> 如果你热爱工作，你每天就会尽自己所能去追求完美，不久你周围的每一个人也会从你这里感染到你这种热情。

> ——山姆·沃尔顿

山姆·沃尔顿早在1939年就接触过零售业。当时山姆一家恰好搬到一位名叫休·马丁利的隔壁。马丁利曾经是密苏里州敖德萨镇上的一名理发师，后来他和他的兄弟合伙开设了一家连锁杂货店。山姆一家搬来时，马丁利的连锁店已发展到约有60家分店。山姆曾经与休·马丁利先生谈论过经商之道，如何做生意以及为他工作有什么好处。马丁利先生对山姆颇有好感，甚至还愿意为他提供一份工作。

但是在那些日子里，山姆还没有认真考虑过零售业的事。当时，他真正想做的是当一名保险推销员。因为山姆有一位高中时的女友，她的父亲是美国纽约人寿保险公司的一名非常成功的推销员，山姆曾经和他谈论过保险业务。在山姆的眼里，他是在赚取世界上所有的钱，保险行业似乎是一项前途远大的工作。

干保险业对山姆来说是完全没有问题的，因为他在大学期间就把自己锻炼成了推销能手。山姆曾推销过各种东西。例如，在他还是个小孩子时，就卖过《自由》杂志，每份赚5美分。当然他还成功地为邮局推销了许多年的报纸。

山姆·沃尔顿一直都拥有许多宏大的计划。他原计划拿到学位后，进入宾夕法尼亚的沃顿商学院继续深造。但是当他紧紧巴巴地读完大学时，认识到即使继续照老办法边打工边求学，如他在大学期间所做的那样，也仍然无法筹足去沃顿深造的学费。所以山姆决定利用自己现有的优势去应聘一个合适的工作。

山姆拜访了来密苏里大学招收雇员的两家公司——J·C·彭尼公司和西尔斯-娄巴克公司的招工负责人。两家公司的招聘人员看得出山姆的工作能力比较强，他们为山姆提供了工作职位。最后，山姆选择了J·C·彭尼公司的职位，而谢绝了西尔斯-娄巴克公司的工作。

1940年6月3日，大学毕业刚3天，山姆·沃尔顿就来到位于艾奥瓦州德梅因市的J·C·彭尼分店，作为一名管理部门的受训人员开始工作，月薪75美元。那天是山姆正式进入零售业的一天——除了作为陆军军官一度短暂离开外——山姆在这个行业整整干了52年，直到逝世。

也许山姆·沃尔顿天生就是个商人，他一接触到零售业，很快就喜欢上了这个工作，并把它当作自己未来的事业看待。并不是因为他是位很好的推销员就可以在零售业一路畅通，他也遇到过好多问题和麻烦。就拿一件简单的事来说，由于山姆的字写得比较糟糕，差点被彭尼公司解雇。

　　彭尼公司有位合伙人名叫布莱克，他平时在纽约总部工作。布莱克是位身材高大、衣着考究、做事有条不紊的人。他平时穿的是彭尼公司最好的西装、衬衫和领带。

　　山姆在彭尼公司上班时，布莱克专门负责巡视彭尼公司在全国各地的业务状况，并审计公司各个商店的账户以及考核员工和各种难以归类的事情。当然，布莱克也会定期到山姆所在的商店来视察。

　　布莱克对山姆的工作表现有些不满意，因为山姆经常把销货发票写得一塌糊涂，并且还不按规定操作现金出纳机。山姆也不能做到一边让一位新来的顾客等候，一边为已做成的生意打纸包。

　　每当布莱克到德梅因来时，他总会对山姆这样说："沃尔顿，如果你不是一个出色的推销员，我早就解雇你了。也许你天生就和零售业有缘。"

　　幸运的是，山姆得到了他所在商店经理邓肯·梅杰斯的支持，梅杰斯先生非常懂得如何鼓励下属。梅杰斯最引以为豪的是，他比国内的任何人为彭尼公司培养的经理人才都多。

　　邓肯·梅杰斯是一个非常成功的经理，他的诀窍是身体力行，与员工们一起从早上6点半干到晚上7点或8点。包括山姆在内的所有员工都想成为像他那样的好经理。山姆在日后的工作中，继承了梅杰斯的这种工作习惯；这也是山姆成功经营沃尔顿公司半个世纪的主要原因之一。

　　在德梅因工作时，山姆和同事们经常会在周末一起上梅杰斯家去玩。他们一共有5个人，有时会在一起讨论零售业务，但大多时候是在打乒乓球、玩扑克牌。慢慢地这种周末活动似乎成了他们的工作之一，每周必聚。

有一个星期天，邓肯·梅杰斯收到彭尼公司寄给他的年度红利支票，他兴奋得到处挥舞着。这是一张65000美元的支票，给他们这些刚工作不久的小伙子们留下了极其深刻的印象。瞧着这位零售业前辈的丰厚收获，使山姆对零售业充满了憧憬。心底暗自佩服，他干得真不错。

然而，当詹姆斯·卡什·彭尼本人有一天亲自来德梅因视察店铺时，却使山姆冷静了许多。彭尼先生并不经常巡视他的商店，但是他每到一处都会发现一些问题，并及时纠正过来。彭尼教山姆如何捆扎和包装商品，如何用非常少的麻线和非常小的纸张包装商品，而且看起来依然包得好看。

山姆·沃尔顿在彭尼公司工作了大约18个月。在山姆眼里，彭尼公司的确是零售行业中的龙头老大。即使刚参加工作不久而且还是雇佣工，山姆依然一直关注着竞争。山姆所在商店的那个十字路口，有3家商店，午餐时，山姆经常去那里溜达，看看他们在忙些什么。

第二节　零售业之外

靠自己的力量才能取得成功。

——山姆·沃尔顿

到1942年初，第二次世界大战仍在进行，作为美国后备军官训练团一员的大学毕业生，山姆雄心勃勃地想参军，准备出征海外为国效劳。但是军方给了他一个沉重的打击。由于有轻微的心律不齐，山姆没能通过参加战斗部队的体检，而被划入执行后勤任务的部队。

这一安排使山姆十分沮丧，由于他等待应征服役，所以辞去了在彭尼百货店的工作。山姆怀着某种不太明确的念头，漫游到南方，一直走到塔尔萨，想了解一下石油业究竟是怎么回事。

最后，山姆·沃尔顿在塔尔萨附近的普赖尔镇的大杜邦弹药厂找到了一份工作。山姆在工厂附近的另一个城镇克莱莫尔找到了住处。在那儿山姆遇到了海伦·罗布森。

1942年4月的一个晚上，在一家保龄球俱乐部，海伦正与一个男孩约会。当她刚滚完球回到座位上时，看到山姆把脚搁在其中一把椅背上，朝她笑了笑说："我好像以前在某个地方看到过你。"海伦仔细想了想，发现山姆确实和她在大学认识的一个姑娘有过约会。

海伦漂亮、聪颖，富有教养，雄心勃勃，具有主见，意志坚强——她有她自己的见解和计划。并且像山姆一样，海伦曾是一个运动员，爱好户外运动，拥有充沛的活力。山姆经常向海伦献殷勤，他们坠入了爱河。

海伦曾经告诉她的父母亲，她想嫁一个精力旺盛、干劲冲天、有追求成功的强烈欲望的人。当遇到山姆后，她发现自己找到了想要嫁的人。于是，山姆和海伦经常约会。海伦全家也都喜欢山姆。

在海伦和山姆热恋期间，山姆收到军方征召服役的通知。由于山姆有心律不齐的毛病，不能上前线作战，但他仍然能够接受后备军官训练团的任职，担任少尉军官。

山姆的军事生涯相对来说是比较平淡无奇的。他从少尉、中尉直到上尉，只从事一些像监督飞机厂的生产安全，或警备加利福尼亚及其附近地区的战俘营这类工作。山姆真希望能像他的兄弟巴德一样，有勇敢杀敌的战斗经历。巴德是太平洋舰队一艘航空母舰的海军轰炸机飞行员。

在山姆加入陆军之时，已解决了两件大事：他已决定要同谁结婚，也确定了将来从事什么行业进行谋生——零售业。山姆参军一年后，也就是1943年情人节，山姆和海伦结婚了。婚礼在海伦的家乡俄克拉何马州的克莱尔莫尔镇举行。海伦和山姆共同度过了两年军营生活。

退伍前的最后一个驻地是盐湖城。山姆在那儿，他经常上图书馆阅读有关零售业的书。还花了大量业余时间研究犹太人合作商会及摩门教会办的百货店，打算在解衣卸甲之后进入百货业。

1945年山姆离开军队，他不仅决定要进入零售业，而且还决定要自己创业。山姆唯一的工作经验是在彭尼公司干过一阵子销售，但他有充足的信心。山姆始终相信能靠自己的力量取得成功。

剩下的唯一问题是他们将到哪里去安家。

第三节　决定创业

> 要想干一番事业，唯有走自己的道路。
>
> ——山姆·沃尔顿

当时，海伦的父亲希望他们搬到克莱尔莫尔去住。但海伦说："爸，我要我丈夫自己作主，我不希望他只是做L·S·罗布森家的女婿。我要他成为山姆·沃尔顿。"

海伦的父亲是一位非常出色的律师、银行家和牧场主，海伦则希望他们自己能够独立自主。当然，山姆也赞同她的意见。

山姆认为零售业的最佳创业机会也许是在圣路易斯，因为他的一位老朋友汤姆·贝茨在那里，而且也想投入百货业。

山姆还是小孩子时就认识汤姆一家，他的父亲拥有城里最大的百货店。汤姆和山姆还是密苏里大学时的贝塔–赛塔派联谊会同一宿舍的室友。山姆在将要离开军队时，在圣路易斯遇到了汤姆。他当时在巴特勒兄弟公司的鞋靴部工作。

巴特勒兄弟公司是一家地区性零售商业公司。它由两家特许经营的连锁店组成：一家是小型百货店组成的连锁商店"联合百货店"；另一家是由杂货店组成的连锁店，名叫"本·富兰克林商店"。这种杂货店当时被称为"五分钱商店"或"一角钱商店"。

汤姆认为他们可以各拿出2万美元合伙创业，在圣路易斯市内德尔马大街上创立一家联盟商店。山姆觉得他的主意不错。

山姆当时只有5000美元左右，他认为可以从海伦父亲那里借到其余的钱。海伦的父亲一直都对山姆充满信心，并且非常支持他。海伦也支持他开零售店，海伦说："我们是打定主意要当一家大城市百货店的老板。"所以，海伦放弃了她的法律专业。

但是，海伦不赞成山姆与别人合伙。她在很早以前就看到搞合伙经营风险太大。海伦和他父亲持同样观点，他们发现有些合伙企业最终结局很糟。所以海伦有一个坚定的观点：要干一番事业，唯有走自己的道路。

后来海伦和山姆商议，由他们夫妻俩自己创业。而且海伦认为不必选择大城市，在小城镇就完全可以。她对山姆说："我们结婚两年搬了16次家，现在我将会跟你到任何你想去的地方。只要不要求我住在大城市里。我觉得有一万人的小城镇就够大了。"

山姆·沃尔顿接受了海伦的建议，准备自己创业。所有超过一万人的城镇山姆都不考虑设店。山姆还打听到巴特勒兄弟公司有一家本·富兰克林杂货店要出让经营权。该店在阿肯色州纽波特，纽波特是一个棉花集散地和铁路交会点，大约有7000人，位于阿肯色东部的密西西比河三角洲地区。

第四节　山姆的第一家小店

既然能做到，为什么不去拼搏一下？

——山姆·沃尔顿

山姆乘火车从圣路易斯南下来到阿肯色州纽波特。当时，他身上还穿着军服、挂着武装带。下车后从前大街来到本·富兰克林杂货店，草草打量了一番。这是一家典型的旧式杂货店，面临前大街，位于市中心，向外远望看得到铁路。再说回来，这类商店都有现金收银机，整个店堂每个柜台后面都有供店员走动的通道，店员们坐等着顾客上门。自助式销售当时还没有兴起。

这家店铺原来由一个来自圣路易斯的人经营着，他的生意做得很糟，一直亏损，他想尽快丢掉这个包袱。这时，山姆才意识到自己是被巴特勒兄弟公司给蒙了，他们急于把这家连年亏损的店铺脱手，才愿意转让给他的。

那时山姆只有27岁，他充满信心。山姆并不在乎巴特勒兄弟公司是如何打算或设圈套的。他认为自己完全可以让这家店起死回生，于是，就以2.5万美元买下了这个店面——其中5000美元是他们自己的积蓄，2万美元是向海伦父亲借的。

那时候，山姆深信纽波特和本·富兰克林商店具有巨大的潜力，所以山姆自己设定了一个目标：首先要使这家纽波特的小店在5年内变成阿肯色州经营最好、获利最多的杂货商店。山姆感到自己有能力做到这一点，既然能做到，为什么不去拼搏一下？

山姆把这个定为第一阶段奋斗目标，看看能否实现目标。即使达不到目标，他认为那也会是一次有趣的试验。

当时，山姆对合同的事还不甚了解，所以就按照对方提供的资料签了字，这给他今后的经营埋下了隐患。

店铺正式接手后，山姆才知道这家店铺确确实实是个烂摊子。它的营业额一年大约只有7.2万美元，租金是营业额的5%，山姆认为这样的租金听起来还算合理。但结果证明，这个房租是他打听到的杂货业中最高的租金，没有人按营业额的5%支付租金。

此外，山姆接手的这家商店还有一个强有力的竞争对手，就是大街对面的斯特林商店。那家商店有一个精明的经理约翰·邓纳姆，它一年的营业额为15万美元，整整是本·富兰克林商店的2倍。

尽管山姆有充足信心，但是他在经营杂货商店方面连一天的经验都没有；所以巴特勒兄弟公司同意山姆到阿肯色州阿卡

德尔菲亚的本·富兰克林商店接受两周的培训。

　　培训之后，就全靠山姆自己了。山姆的第一家商店在1945年9月1日正式开张了。

　　对山姆来说，对这个行业如此幼稚和无知实际上倒是一件好事，因为从这一经历中山姆学到了一个使他终生难忘的教训：你可以向任何人学习。山姆不仅通过阅读手头可以得到的每一本有关零售业的书刊进行学习，他更多的是在研究街对面的约翰·邓纳姆先生的做法，从中学到了不少管理经验。

　　事实证明，经营一家商店有大量东西需要学习。山姆关注着约翰所做的一切，注意他的商品价格，观察他的商品陈列，看他如何经营。山姆总是在探索如何把工作做得更好。后来，在离开纽波特很久以后山姆去看望过约翰先生。当时约翰已经退休，他总是取笑山姆老是在他店里转。在山姆以前，约翰从未有过一个有力的竞争对手。

第五节　从无知中获取经验

　　　　　　　敢于尝试是成功经营沃尔玛的重要习惯。

　　　　　　　　　　　　　　　　　——山姆·沃尔顿

　　山姆从管理这家本·富兰克林特许商店中学到了大量有关经营的知识。本·富兰克林对管理各个独立商店有一个出色的

经营计划，某种关于如何经营一家商店的刻板程序。经营商店本身就是一种获得知识的实践。

本·富兰克林有自己的一套会计制度，有工作手册告诉你该做什么，何时做以及怎样做。它们有商业报表，有应收账账单，有损益账账单，有小型分类账簿，称之为"对照昨天账簿"（BeatYesterday）。在账簿中你可以按日对今年的销售量与去年的销售量作比较。

山姆此前在会计核算方面没有经验。他在大学里会计学成绩平平，所以山姆只是根据它们的会计体系进行记账。事实上，山姆在打破本·富兰克林的其他种种规则很久之后，仍然利用了它们的会计制度。

山姆甚至使用本·富兰克林的会计制度来管理最初的五六家沃尔玛商店。本·富兰克林特许经营计划对山姆这个渴望学习的27岁的年轻人来说是很有帮助的。

巴特勒兄弟公司要求他的特许经营店刻板地照本本办事。该公司实际上不允许他们有较多的自行处置权。商品是在芝加哥、圣路易斯或堪萨斯城集中调配的。由公司决定卖什么商品，卖什么价钱，以及批给各店的价格。

它们认为公司选择的商品正是顾客所需要的东西，并规定必须从公司至少订购80％的商品，而且如果这样做了年终时就能得到一笔回扣。如果你想得到6％或7％的净利润，它们会告诉你需要雇多少帮工和做多少广告。这就是巴特勒公司大部分特许商店经营的情况。

一开始，山姆按照他们的本本经营着商店，因为他确实不知道如何做会更好。但是没多久山姆就开始进行尝试了——这也是山姆一贯坚持的事情。

很快山姆就制订了自己的促销计划，首先他开始直接向制造商购买商品。山姆费了大量口舌与制造商打交道。他对制造商说："我想直接购买这些缎带和领结。我不希望你们先把它们卖给巴特勒公司，然后我不得不多付25％的钱再向他们购买。我要直接订货。"

在大多数情况下，这些制造商不想触犯巴特勒兄弟公司，所以他们拒绝了山姆。不过，偶尔山姆也能找到一家愿意通融，并按山姆要求行事的制造商。这就是大量的经营惯例和管理哲学的开端，它们在今天的沃尔玛公司仍然行之有效。

山姆总是先寻找一些并非传统的供应商或供应来源。开始，他驾车到田纳西州找到几位能按低于巴特勒兄弟公司批发价格供货给他的朋友。其中有一家叫做尤宁城的赖特贸易公司，他按优惠的批发价格向像山姆这样的小企业出售商品。

平时，山姆会在店里忙碌整个白天，然后在商店打烊后驾车上路去进货。他一路上风尘仆仆赶往位于密苏里州科登伍德波因特的密西西比河渡口，再进入田纳西州。山姆在汽车后面挂着一辆自制的拖车，会在汽车里和拖车上塞满按优惠价买到的任何货物——通常是一些好销的纺织品：女人的紧身裤、尼龙袜、男衬衫等。山姆把它们买回来，再按低于其他商店的价格出售。

山姆的这种做法使本·富兰克林公司的那班人气疯了，他们不仅在销售额上无法抽成，而且在采购价格上也无法同山姆竞争。后来，山姆开始向田纳西州以外地区扩展业务。通过各种关系，山姆与纽约的一位名叫哈里·韦纳的制造商代理人通过信件拉上了关系。

哈里·韦纳在纽约的第七大街505号开设了韦纳采购服务公司。他经营的是一种非常简单的业务，他访问各种不同的制造商，然后列出制造商们要拍卖待售的货物清单。当某个人给他一份采购订单后，他就把订单交给有关工厂，并收取5％的佣金，然后厂商就会把货物直接发运给预订者。与本·富兰克林的25％相比，这5％的佣金对山姆来说是相当合算的。

有一笔与哈里做的生意，让山姆·沃尔顿终身难忘。这是山姆曾经做过的最好的一笔生意，也是他早期在定价知识方面所学到的重要一课。

这笔生意首先使山姆确立了看问题的思考方向——这种思想最终成为沃尔玛公司的经营哲学基础，即所谓的"女裤理论"。

哈里按每打2美元的批发价经销女内裤——腰部有弹性的双线斜纹缎紧身裤。过去山姆一直按每打2.5美元向本·富兰克林公司购买相同的紧身裤，并按1美元3条的零售价出售。如此看来，如果按哈里的每打2美元的价格，我们就能按1美元4条的价格推销这些商品，并且可以为商店作一次很大的促销。

这次促销让山姆明白了一个简单的道理：薄利多销，更加有利可图。例如，按80美分买进一件东西，按1美元定价出售，其销售量是按1.2美元定价出售的销售量的3倍以上。虽然每件商品所赚的利润只有按1.2美元定价的一半，但是，由于销量是原来的3倍，总的利润还是大大增加了。

这恰恰是折扣销售的实质所在：通过削价，你可以扩大你的销售额并达到以下目的，即你按较低零售价出售赚得的利润大于按较高零售价出售货物所得的利润。用零售业的行话来说，你可以降低标价，但赚取的钱却更多，因为销售量增加了。

此后，山姆开的所有店铺都遵循这样的规律，实行全市最低价，以实现薄利多销。山姆的这种方法慢慢地改变了全美国的零售商出售和顾客购买商品的方式。

在当时，山姆的这些想法不能完全执行。因为，他与本·富兰克林公司依然订有合同。合同规定他必须从本·富兰克林公司采购至少80%的商品，如果未能达到这个指标，就得不到规定的年终回扣。事实上，山姆尽一切努力仍然无法达到80%的采购要求。当然也从来不曾拿到过年终回扣。

但巴特勒公司从未因此事而为难山姆，因为，他经营的商店发展很快。这家位于纽波特的破破烂烂、连年亏损的小店，山姆接手经营后一跃而成为本地区经营业绩最好的企业之一。仅仅两年半时间，山姆就还清了向海伦父亲筹借的2万美元。

为了促进销量，山姆做过好多试验。他曾把一台爆米花机放在人行道上，卖爆米花的生意好得出奇。后来，经过再三考虑，山姆决定需要增设一台软冰淇淋机，一起摆在外面。山姆鼓起勇气向银行借了一笔在当时被看作是天文数字的钱——1800美元，买了一台冰淇淋机。这是他第一次从银行借钱。然后他把冰淇淋机摆在人行道上，放在爆米花机旁边。

山姆想用这两台机器引起人们的注意。这是一项新鲜而

又与众不同的举动——又是一种试验——而且山姆确实从中赚到了利润。山姆在两三年内付清了这笔1800美元的贷款，他说："我确实不想为了某种新奇的冰淇淋机而倾家荡产，并因而被人们所记住。"

每个人都想要到山姆·沃尔顿的店里去看看。本·富兰克林公司还从来没有另一家特许店拥有这种叮当作响的冰淇淋柜台——一种制冰淇淋机。人们就是冲着这个上山姆的店里来的，这真是一种新奇的玩意儿。

一直以来山姆最大的经营对手是约翰·邓纳姆经营的斯特林商店。在山姆接手本·富兰克林这家店铺时销售额只有7.2万美元，而对方的销售额是他的2倍。在山姆的辛勤劳动下，他买下商店后第2年营业额就达到14万美元，第3年是17.5万美元。

后来，山姆经营的商店超过了老约翰的斯特林商店。在大街的另一边，与约翰的斯特林商店紧挨着的是克罗格杂货店。当他得知约翰打算买下克罗格商店的租赁权，并准备扩大斯特林商店时，山姆急忙赶到温泉城，找到那家克罗格商店大楼的女房东。山姆说服了她，使她把店面租给了山姆。

对于这所楼房打算怎样使用，山姆还没有任何主意，但是他确信绝不能让约翰·邓纳姆的斯特林拥有这家店面。后来，山姆决定用它开设一家小型百货商店。当时，纽波特已经有了好几家百货商店，其中一家恰好是由他的房东P·K·霍姆斯拥有的。

山姆订做了一块招牌，并制订了计划，从内布拉斯加州订购了新的货架，采购了他认为销售较好的各种货物：服装、衬衣、裤子、夹克。从巴特勒公司来监督山姆生意的查利·鲍姆，也亲自帮助山姆布置店面。他们前后用了6天时间，把店面整理停当后正式开张了。山姆给它起名为"伊格尔百货商店"。

现在山姆在纽波特的前大街上有了两家商店。他来回跑动，张罗商品：如果在一家商品没有销路，就设法把它放在另一家出售。山姆发现这两家商店相互会有些竞争，但不会很多。

那时，山姆经营的那家本·富兰克林商店干得确实不错。伊格尔商店却从未赚过大钱，但是山姆宁愿只要赚取一点微薄的利润，也不能让他的竞争对手变成一家大商店。山姆雇一个经理助理帮助负责本·富兰克林商店，而他则来回跑动。

山姆的兄弟巴德战后从军队退伍回乡后，也和他一起干了。他与哥哥山姆一起做很多事情。他们清洗橱窗，打扫地板，布置橱窗。他们也干所有储藏室要干的活，登记入库的货物。干经营一家商店所要干的一切活儿。他们把开支限制在最低程度上。不过，这是在数年以前他们就有的习惯。他们兄弟俩就是通过控制经营费用而赚到钱的。

山姆在纽波特生活了将近5年时间，他和妻子海伦积极参加社区各类活动，山姆已成为当地商会会长。他们已实现了起初设定的目标。那家本·富兰克林小店一年的营业额达到了25万美元，年利润是3万到4万美元。无论从营业额还是从利润衡量，它不仅在阿肯色州而且在整个6个州的地区都是本·富兰克林公司首屈一指的商店。

由于山姆的成功引起了许多人的关注。他的房东，即那个百货商店的业主，对山姆经营的本·富兰克林商店的成功印象很深。他决定不再把店面继续租赁给山姆——无论山姆出什么价钱——他完全知道在城里这家商店无处可搬也炙手可热。原来的业主出价买下了商店的特许经营权、货架和存货，价格相当优惠。他想把这家商店传给他的儿子。

山姆别无选择，因为他当初在签订合同时，没有给自己有利的法律保护。山姆没有在房子租赁契约中加进一项：在第一个5年期满后有权继续续约的条款。最后，山姆只得放弃这家店。

但是山姆把伊格尔商店的租赁权卖给了斯特林商店，所以约翰·邓纳姆——他名副其实的竞争对手和良师益友，终于实现了扩展店面的心愿。

山姆·沃尔顿陷入了低谷。他苦心经营的商店终于有了起色，成为整个社区最大最受欢迎的企业之一。从5年前约7万美元的年利润发展成为如今的25万美元，这在当时来说简直堪称奇迹。经过山姆和海伦5年的辛勤努力，他们终于在纽波特过上了安定的生活，现在却不得不搬离这个地方，他们是多么的不舍和难过。

这简直是场噩梦，是山姆始料未及的，也是经验不足留下的漏洞和遗憾。山姆责备自己被这个糟糕的租约坑了。

Sam Walton

第四章　梦若在，路就在

Sam Walton

第一节 创业，自己创业

把问题看作挑战。

——山姆·沃尔顿

山姆·沃尔顿一家在纽波特努力工作着，他们为整个地区建立了一家最好的杂货商店，还为社区积极工作——公正办事；但是，现在，他们却被踢出了这个城市。海伦对离开纽波特的事情，显得忧心忡忡，但是木已成舟，不得不走。那时山姆已有四个孩子。

山姆·沃尔顿没有对挫折耿耿于怀，而是把问题看作是挑战，这也许是他稳步前进走向成功的重要品质。山姆没有对可恶的房东进行任何报复。他相信，只要付出足够的劳动，就能使大多数逆境变为顺境。

吃一堑，长一智。自从在纽波特本·富兰克林特约店跌倒后，山姆再也不曾粗略地应付任何一份合约，他会对租约甚至每一份买卖合同都非常仔细地审阅，处处小心谨慎。不仅如此，山姆还鼓励他仅有6岁的儿子罗布将来当一名律师。

面对眼前的问题（在山姆看来是挑战），山姆明白：必须振作起来，从头干起，甚至要干得更好。海伦和山姆开始寻找另一个重新创业和安家的城镇。

和创造世界名牌的人

一起放飞梦想

Let the dream fly

山姆从出让本·富兰克林商店中赚了5万多美元。他在想整个事情也许是件好事。使山姆有了一个重新开始创业的机会，而这次他更明白自己应该怎么干。因为他已是一个羽翼丰满、经验丰富而又年富力壮的商人。他现在只需要有一家店铺便可以东山再起。

1950年春天，海伦和山姆以及孩子们开始驾车到处考察，认真地物色适合的店铺。后来他们发现位于阿肯色州西北部的几个地方很有吸引力。因为，对海伦来说，那里比纽波特更接近她在克莱尔莫尔的亲友。对山姆来说也很理想，因为他想靠近一个能打猎的地方，而那里正好是俄克拉何马、堪萨斯、阿肯色和密苏里四州的交界处，这四个州内一年四季都有打猎的机会。

起先，山姆试图在靠近俄克拉何马边界的赛洛姆斯普林斯买下一家商店，但是与业主吉姆·多德森没能谈妥条件。有一天海伦的父亲和山姆一起驾车来到本顿维尔镇，在广场周围打量了一番。这是他们考虑的几个城镇中最小的一个，并且已有3家杂货店。对于这么小的地方，其实有一家杂货店就已经足够了。

然而，山姆向来喜欢竞争。在他看来，这里恰恰是能证明他有能力东山再起的地方。

后来，山姆找到了一家愿意出售的老店——哈里森杂货店。但是拥有这家商店的两个来自堪萨斯城的女房东，无论怎样都不肯便宜转让。如果当时没有海伦的父亲赶往那里，帮忙谈妥这笔交易，山姆似乎已经想不到更好的办法解决问题。

山姆需要把它的店面扩大一倍，为此不得不与隔壁的理发店订立了一份为期99年的租约（鉴于前次租约的失利事件，山姆不愿意再订5年期的租约）。

本顿维尔镇实际上是一个荒僻凄凉的乡下小镇，只有3000居民。而纽波特却是一个欣欣向荣的城市，有7000人口。海伦都不敢想象这将是她要生活下去的地方。尽管有一条铁路经过它，但这里主要以出产苹果而闻名，养鸡业也已出现。

山姆接手的这家商店是一个小小的乡镇老店，店中有放花边的罐头、放帽子的盒子，各种缝纫纸样，以及你能想象的各种各样又旧又老类似古董的东西。

山姆相信，他们一家来到本顿维尔后，这种局面将得到改变。

第二节　首家小镇超市

> 这不仅是一个巨大的商机，更是民众们的迫切需要。
>
> ——山姆·沃尔顿

现在山姆又有了一家商店可以施展，在他买下它之前营业额只有3.2万美元。纽波特的那家商店却已有25万美元的营业额。但这无关紧要，因为山姆有更加宏大的计划。

他们拆掉了理发店和杂货店之间的隔墙，装上有崭新的荧光灯照明的货架，使店面焕然一新，基本上把它建成了一家新店。

当时，对本顿维尔镇来说这算得上是一家巨型商店了：50英尺宽80英尺长，共有约4000平方英尺的面积。

查利·鲍姆又来帮助山姆了，他本来是本·富兰克林公司的员工。这次查利帮山姆把他在纽波特开的伊格尔商店的所有货架都拆了，并把拆下的货架装上一辆大卡车从纽波特运往本顿维尔。由于必须通过一段年久失修、泥泞不堪的公路，使得一半的货架在行驶中碰坏了。

不管怎样，查利又一次帮助山姆把货架重新安装起来。就在这个时候，山姆读到一篇报道，谈到设在明尼苏达州的两家本·富兰克林特许经营店已经实行了自助销售——在当时这是一个全新的经营概念。

山姆连夜乘坐公共汽车长途跋涉赶往明尼苏达州的这两个小镇——派普斯通和沃辛顿。对这种全新的经营方式进行了全面细致的参观和了解。这两家商店的货架设在四壁，在所有来回的通道上设两个岛型货柜。店里不是到处设有收银机和店员，而是只在店门口安置了结账台。

山姆很喜欢这种格局，所以他也决定在自己的店里这样陈设。

从明尼苏达州回来后，山姆立刻着手把自己4000平方英尺的"巨型"商店，重新布置成了自助销售的形式。所以当查利和山姆布置好在本顿维尔的那家商店后，它就成了当时全美国仅有的实行自助销售的第3家杂货店，也是他们周围8个州内的第1家自助商店。也许当地没有人知道这一点，但这是一个壮举。

当山姆将商店从纽波特搬到本顿维尔后，就进行了一次出色的减价大拍卖。他们在店堂四周的桶里装满了货物。那些太太小姐们纷纷拥进店来，弯腰扑在那些装货的桶上。

那种热闹的购买场面，让查利目瞪口呆，永难忘记。山姆看着这样的场景，皱着眉头对查利说："查利，有一件事我们必须得做。我们应该进一些真正优质的女内衣。"过去时局艰难，有些人的内衣相当破了。这不仅是一个巨大的商机，更是民众们的迫切需要。

从1950年7月29日起，山姆开始在《本顿县民主党人》报上做了第一次广告。该广告至今陈列在沃尔玛参观中心。这是一次为沃尔顿的廉价商店"重新开张大甩卖"做的广告。广告宣称"沃尔顿廉价商店"保证有大量价廉物美的东西供应。并且向孩子们免费赠送气球，这里有9美分一打的衣夹，10美分一只的玻璃茶杯。居民们纷纷出动，源源不断地光顾沃尔顿廉价商店。

沃尔顿廉价商店立刻脱颖而出，变成一家兴旺的企业。它确实是当时同行业中第一流的商店。

第三节 沃尔顿廉价商店

> 我渴望做更多的生意，也许是我不想把所有的鸡蛋放在一个篮子里。
>
> ——山姆·沃尔顿

在本顿维尔镇的商店开得红火热闹的时候，山姆开始在其他城镇寻找开设第二家商店的机会。他渴望做更多的生意，也许是因为他不想把所有的鸡蛋放在一个篮子里。

到1952年，山姆驾车南下到费那特维尔找到一家老杂货店，它属于克罗格公司，正打算转让，因为它快要倒闭了。该店正好位于广场旁边，但是这家店面积非常小。

这家商店的主要竞争对手是广场这边的伍尔沃思商店（Woolworth）和另一边的斯科特商店（ScottStore）。

在这里山姆将以一家独立的、又小又旧的只有18英尺门面的杂货店向这两家著名的商店进行挑战。它不是本·富兰克林特许经营店，山姆称它为"沃尔顿廉价商店"，像在本顿维尔的那家商店一样。

刚买下这家商店时，山姆在广场上听到当地的一群搬弄是非者们的闲聊，他们说："好啦！我们给那个家伙60天，或许是90天时间，他在这里呆不长。"

但是，山姆沃尔顿廉价商店的经营方式远远地走在了时代前面，与它的竞争对手完全不同，山姆在这里也实行了自助销售。这是今后很长一段时期内山姆所采用的主要经营方式。

山姆需要有个人来帮他管理新店，而他还没有太多的钱和时间去培养新员工。所以山姆想方设法地打听成熟的助理。他打探别人的商店，搜寻出色的人才。后来，他找到了威拉德·沃克，这是山姆正式雇用的第一位经理。

当时，山姆和尼克·罗布森来到威拉德·沃克在塔尔萨管理的一家TG＆Y廉价商店。他们跟威拉德谈了大约一个小时，问了很多问题，然后离开了。起初并没有引起威拉德的注意。但没过多久，山姆又来找到威拉德，这次才谈到他在费那特维尔正准备开设一家新店，并且问他，是否愿意去那里当经理，帮助他打理新店。

威拉德·沃克想先去实地考察一下。于是，他来到费那特维尔，免费工作了几天直到商店开张。那里条件很差，威拉德不得不在储藏室的帆布床上过夜。山姆说，如果他愿意留下来管理这家新店，他将得到商店利润的1%作为酬劳。这一优厚的待遇吸引了威拉德，他终于答应了全职管理费那特维尔的新店。

当威拉德去向TG＆Y公司辞职时，那里的副总经理对他说："记住，威拉德，一无所有的1%仍然是一无所有。"但是威拉德勇往直前，担任了这项职务。

威拉德·沃克，成为费那特维尔沃尔顿廉价商店的第一任经理。

第四节　沃尔玛公司

> 一有空我就到处逛逛，看看其他商店在做些什么，事实上，从别人那里我获得过很多有益的想法和做法。
>
> ——山姆·沃尔顿

山姆每天都会赶到费那特维尔，从上班开始一直工作到下班结束。他卷起袖子无所不做，从筹措钱款直到搬运货物。

山姆从田纳西州的朋友们那里采购了各种各样的商品，用客货两用汽车自己运来。费那特维尔商店确实干得不错。

商店开张的第一年，在本顿维尔的商店年营业额是9.5万美元，而费那特维尔也达到了9万美元的销售额，成绩相当不错。

后来山姆成立了沃尔玛公司，并且成为股票公开上市的公司。威拉德借来一笔当时看来令人可怕的巨款，并以此款购买了沃尔玛的股票。

一天巴德和山姆来到费那特维尔的店里。巴德对威拉德说："威拉德，我确实想知道你打算干什么。"威拉德回应道："我比你对公司更有信心。我始终相信沃尔玛商店会取得成功。"这个看法很有道理，你不能不相信山姆这个人。

在以后的岁月中，合伙经营的诱惑力帮助沃尔玛公司吸引了大量优秀的经理人员，但是没有任何人比威拉德买入更多的股份。估计，他今天一定很高兴当初作了正确的决定。

本顿维尔和费那特维尔的两家店铺足以让山姆·沃尔顿忙碌。在那些日子里，山姆多半时间是在寻找那些能使商店独树一帜、名声大震的销售点子和商品。

呼啦圈曾风靡一时，大城市里的各大商店都大量地进货。但是地道的呼啦圈是用塑料管制成，价格很贵而且很难买到。

后来，吉姆·多德森——那个不肯将赛洛姆斯普林斯的商店卖给山姆的人——打电话给山姆，说他认识一位制造商，能生产像呼啦圈那种规格的管子。吉姆认为他们可以各投资一半生产他们自己的呼啦圈。他们就这样干了，在吉姆的顶楼生产呼啦圈，并且在吉姆的赛洛姆斯普林斯店和山姆的两家店里销售了大约一吨的呼啦圈。不久阿肯色西北部的每个小孩几乎人手一个呼啦圈。

这次合作，让吉姆和山姆的关系更进一步，他们成为了互相信任的好朋友，最终吉姆成为沃尔玛公司在密苏里州哥伦比亚镇一家分店的经理，干了大约15年。

沃尔顿商店建立之初，用的所有货架都是向本·富兰克林公司购买的。它们都是用木头做支架，用木制的托架存放货物，这在当时是标准的式样。

山姆有个习惯，一有空就到处逛逛，看看其他商店在做些什么，事实上，他从别人那里获得过很多有益的想法和做法。

和创造世界名牌的人一起放飞梦想

他在斯普林斯商店看到了全部用金属制的货架。这种货架看起来既轻巧又节省空间，似乎更加耐用。

于是，山姆就开始寻找可以订制金属货架的商家。后来，他在本顿维尔当地找到了一位名叫吉恩·劳尔的人。山姆请他为费那特维尔的商店做一些金属货架。

将木制货架换成金属货架，虽然，这种货架今天在各个商店中到处可见，但这一举动却使费那特维尔的沃尔顿廉价商店成为全国第一家使用100%金属货架的杂货店，又招来不少顾客。

吉恩也为第一家沃尔玛商店做了金属货架。从此以后，吉恩与山姆合作了21年直到退休，一直为沃尔玛公司的各地商店制作金属货架。

退休后，吉恩就在本顿维尔的沃尔玛参观中心工作。该中心是在沃尔玛公司第一家商店的店址上建立的一种博物馆性质的建筑。

由此我们发现，与山姆有商业往来的合作者或客户，最终大多都成为山姆的好朋友，终生为沃尔玛公司服务。

Let the dream fly

第五节　突破区域限制

> 沃尔玛公司是一个中年人心血来潮凭空想出来的某种东西，而这一伟大的想法却在一夜之间取得了成功。
>
> ——与山姆同时代的民众

在美国早期杂货行业，各地竞争对手之间存在某种潜在的约定：每家连锁商店或多或少控制着自己商店所在州的生意。例如，俄克拉何马州的市场由TG＆Y公司掌握，堪萨斯州是奥尔科公司（Alco）的地盘，得克萨斯是莫特（Mott）公司的经营范围，密苏里州是马丁利公司（Mattingly）的天下，内布拉斯加州为赫斯特德公司（Hested）所控制，而丹纳公司（Danners）则拥有印第安纳州，它们都是以当地为基础得以发展的。

各地老板的内心都有这样的观念："好吧，你别跨过我的边界，我也不会侵犯你的地盘。"本·富兰克林特许经营店则属于那些想要在这些大连锁店之间的夹缝中谋求生存的小独立经营者。所以白手起家的山姆和弟弟巴德都选择了本·富兰克林特许经营店。

可是，山姆的生意越做越大，他的生意逐渐改变了这种各自为阵的地区格局。边界定义对山姆来说毫无意义。他会在一天之内毫无顾忌地在4个州做生意。

有次山姆去堪萨斯城时，听说那里正在兴建一个巨大的居民小区——拉斯金高地。在该小区的中央是一个面积10万平方英尺的购物中心。这在当时还是一个全新的概念。在该中心将有一家A＆P（大西洋太平洋）公司的商店和一家本·富兰克林商店，顶头有一家克朗药店（Crown drugstore），中间还有一些小店。

山姆打电话给巴德，告诉他立即到堪萨斯城碰头。山姆说："你想对此下赌注并加入进去吗？"巴德说："不妨试试。"他们就这样干开了。

当时巴德自己已在密苏里州的凡尔赛镇拥有一家本·富兰克林分店。也延续了山姆在小镇开店的做法。虽然这里只有2000人口，但是巴德干得相当不错。

于是，山姆和巴德筹集了所有能够借到的钱，各出一半资金，向那家位于堪萨斯城拉斯金高地的本·富兰克林商店投资了。

起初巴德还对他们所从事的零售业的发展潜力存在一定的疑虑，但是拉斯金高地的发展速度打消了他所有的不安和怀疑。

在堪萨斯拉斯金高地的山姆兄弟商店，办得热闹红火。第一年他们的销售额为25万美元，得到3万美元的利润。没有多久销售额就上升到35万美元。看着购物中心顺利发展的境况，山姆心想："这将是今后许多事物发展的前奏。"

于是山姆决定重回阿肯色州，创办和发展购物中心的业务。

山姆·沃尔顿满腔热情地赶往阿肯色州小石城，准备在那儿开办购物中心事业。山姆到处考察，力求得到一个真正理想的地段。但是一个为斯特林商店工作的大投机商先山姆一步，买走了一块比较理想的地方，把它建设成小石城的第一个购物中心，并且以斯特林商店和俄克拉何马轮胎百货商店（Oklahoma Tire and Supply）为其主要特色。

山姆并未因此放弃。

山姆继续寻找适合建设购物中心的地盘。大约在20世纪50年代中期，山姆花了将近2年的时间四处活动，跟人们说在阿肯色州建立购物中心的想法。但是，这一想法提出过早，大约早了10年。

后来，山姆终于得到了一块地产的租赁权，他劝说克罗格和伍尔沃思公司签订了租赁合约，条件是山姆要把这条街道铺设好。山姆开始为铺设道路筹集款项，动手后，他发现这是一件复杂的事情。到后来，山姆只好决定忍痛割爱，取消了整个交易，退回到原处，集中精力投身于零售业。

这次冒冒失失的投资，山姆大概损失了2.5万美元，而当时正是海伦一家把每个铜板都算计着用的时候。这也许是山姆的商业生涯中所犯的最大错误。从这次经历中他学到了许多有关不动产业务的知识，虽然这些知识的学费对当时的山姆来说有些太昂贵。

不过，在山姆最后终止那片土地的买卖权之后，一个比山

山姆大叔的沃尔玛

姆有更多钱而且颇有名望的人继续在那儿开发，并成功地发展了一个购物中心。他是一位名叫杰克·斯蒂芬斯的年轻人。

山姆不断地创新、试验和扩展。多年以来，人们对山姆创建的公司形成了这样的印象：沃尔玛公司是一个中年人心血来潮凭空想出来的某种东西，而这一伟大的想法却在一夜之间取得了成功。

确实，山姆在1962年开设第一家沃尔玛商店时，已是44岁的中年人了。但是这家商店完全是山姆自纽波特以来一直在做的各项工作的经验结晶，也是山姆做的又一项试验，又一个成功的例子。像大多数成功的故事一样，这次成功经历了大约20年的酝酿。

Sam Walton

第五章　**全家总动员**

Sam Walton

第一节 为孩子创设最好的成长环境

和睦、民主的家庭环境更有利于孩子健康成长。

——山姆·沃尔顿

山姆·沃尔顿的事业进入稳定期，但他从未停止更加贴心的服务，以至于4个孩子也在学习期间无半刻消闲。

山姆与海伦共养育了4个孩子：3个男孩分别是罗布、约翰和吉姆，还有1个女孩——艾丽斯。

在沃尔玛公司创立之前，山姆与海伦就为自己的小家制定了相当详细的计划，其中有一项重要内容就是，他们要有四个孩子，而且海伦说想在30岁前完成此愿。这样他们老年时便可以和儿孙们共享天伦之乐。在山姆一家被迫离开纽波特前，已经有了四个孩子。

一直以来，山姆和海伦都有一个共同的观点，那就是用他们年轻时形成的价值观培养孩子，让他们有一个良好的生长环境，所以他们坚持要在小镇上生活。山姆的四个孩子未经历过大萧条，也未担心过一日三餐。

此外，山姆还希望与海伦一起建立一个和睦温馨的家庭，像海伦的生长环境一样，而不是如他那样经历的。山姆的父母相处得并不和睦，他们都很有个性，并且互不相让，在一起时总是吵吵闹闹。他们没有离婚的原因仅仅是为了山姆和巴德。家庭的不和给山姆造成很大压力，所以他总是忙忙碌碌不停地工作，并发誓："若我有了家庭，绝不那般争吵不休。"

海伦一家却从未如此，她们一家不但其乐融融，而且在理财方面有独到且合理的做法，使得全家人都能从中感到快乐和温暖。这对海伦和山姆影响非常大。山姆认为他们一家的幸福和成功也应归功于有个和睦的家庭，一个能激发人灵感的家庭。

因此，山姆和海伦都尽力保持家庭的和睦，并让他们的孩子有机会参与山姆小时候做过的事。他们都参加了童子军，所有的孩子都玩过橄榄球，而且玩得很棒。

当山姆的小儿子吉姆·沃尔顿毕业之际，全城的人都对教练说："这将带来影响，无法想象该队少了一个沃尔顿前景会如何。"教练便尽力劝说艾丽斯·沃尔顿加入球队，也许她打得还不错。

周五晚上山姆尽量呆在家里，这样就不会错过球赛，在比赛激烈时观众大抛彩纸。这时山姆深深感到训练有素的重要性，艾丽斯很小就参加过马术表演。另外，山姆一家都去教堂和主日学校，有一段时间山姆还是那儿的教师。

山姆和海伦约定轮流送孩子上主日学校，但是自沃尔玛公司创立之后，山姆就很少有时间和家人在一起。所以常常是海伦独自一人为4个孩子穿好去教堂的衣服，4个孩子的成长无时无刻不受到传统价值观的影响。

第二节 没有不工作的孩子

作为山姆的孩子，他们都以这种或那种
方式为公司工作过。

——山姆·沃尔顿

大儿子罗布·沃尔顿说，他总在店里工作。放学后就在店里拖地板、搬箱子，假期做得就更多了。罗布刚一考上驾驶执照就被父亲派去拉卡车货物到位于圣罗伯特的本·富兰克林商店。那时，他干活是能得到报酬的，但是得到的比同在店里干活的朋友们要少。罗布还说，父亲还让他把辛苦赚来的钱投资到店里。不仅如此，当罗布用投资获得的利润支付房钱后，父亲山姆把这样的开支称之为"奢侈"。

而艾丽斯则在5岁时，就站在糖果柜台后开始卖爆玉米花。在山姆家成长，经商很自然地就成了孩子们生活的一部分，它往往是晚餐谈话的主要内容。他们听到过许多次借钱开店的事。这一度让艾丽斯很担心，她还曾向女友吐露过、哭诉过："我不知道我们该怎么办，父亲欠了那么多债，他不肯停止开店。"

在山姆看来，让孩子在店里工作，不仅是因为店里确实需要帮手，更重要的是想让孩子们从小就能领略到劳动的真谛。

山姆还安排孩子们在院子里锄草。不过，他们也会专门抽时间一家外出旅游或野营。有时孩子们认为这种强制性的军式旅行是一种苦差使。

在商店劳动时，孩子们都会获得不同的经验与教训。小儿子吉姆·沃尔顿这样描述自己的父亲："父亲总是说你们要灵活些。不管是进行家庭旅行还是商务旅行，都经常更改行程，甚至在我们踏上旅程后，总还要对计划进行更改。后来，我们都窃笑那些把父亲看作伟大战略家的作者们。他们认为，父亲能凭直觉制定复杂周详的计划，并一丝不苟地执行。其实父亲的事业是在不断地改变计划中繁荣起来的，对他说来，没有一项决策是不可改变的。"

山姆一直都这样，在目标不变的情况下，达到目标的方式和途径在不断更新，以适应一直在变化的外部环境。

第三节　以野营为主的家庭式休假

> 父亲工作卖力，旅行又多，但我从未感到他常不在家。
>
> ——艾丽斯·沃尔顿

沃尔玛公司开张以前，山姆还不算一年四季忙忙碌碌。在经营本·富兰克林商店时，山姆每年都会选择一个月带着全家人去旅游度假。

休假期间他们的足迹遍及阿肯色州，他会逛公园或在外野营等。有一年，山姆一家长途旅行到黄石公园，又有一年，他们去了弗德台地（Mesa Verde）和大峡谷（Grand Cany）。还有一次，长途旅行一直到达东海岸，孩子们把汽车都塞满了，汽车里到处捆扎着野营装备。他们每个人都很乐意进行这种旅行，野营成了他们生活中的重要内容。

当然每到新城市有一项内容是必不可少的。那么就是他们经常得停下车去逛商店——各种各样的店——不论身在何处，都有这种欲望。每次经过一座不错的城镇，山姆知道那儿有些什么商店。这时，海伦和孩子们留在汽车里等。

当逛商店太频繁时，孩子们都会对父亲央求道："好啦，爸爸！不要再去别的店了……"但是，山姆经过凯马特商店时没有一次不停下来进去看一看。对此孩子们各有各的看法。

艾丽斯·沃尔顿："真棒。我们呆在旅行车里——4个小家伙和1只狗——把独木舟捆在车顶上，车后拉着自制的拖车，每年夏天，去全国各地旅行。只要父亲沿途停下来去看他的商店，我们就沿路玩耍。在一般情况下，他会帮我们选好营地，树起帐篷，等母亲和我们都安顿下来后，他才去看商店。我们学着一起工作，每人都做零工，晚上一起祈祷。要知道，这非常有趣。父亲工作卖力，旅行又多，但我从未感到他常不在家。他总是设法多与我们呆在一起，和他相处轻松愉快。他喜欢和我们打棒球。我常紧随着他去旅行，所以直到现在我仍爱逛商店。我上中学后，他就带我去看马展。母亲以为他陪我去看马展了，其实，我和父亲有个约定：我看马展时，他就去逛商店，反正商店已成了生活中的一部分。这并不表示他不重视家庭或对我们不公平，而是他必须这么做，我们也理解。"

罗布·沃尔顿："我记得父亲爱逛商店，但不记得逛商店影响或打扰旅行，因为我只记得旅行中的美好时光让人难以忘怀。

在去大特顿公园的途中，我们有个机会进行一次在当时算是相当昂贵的活动，到山里去做一次钓鱼野营，在那里呆上几天。但这会用去我们所有的钱，我们不得不进行表决，以决定是否要去。最后我们决定去，也的确十分有趣。由于我们用完了所有的钱，因而不得不在布莱克山作短暂停留以后便立刻打道回府。

东行的印象更是难以忘怀。我们经过南北卡罗来纳州，抵达东海岸。父亲、母亲、4个孩子和1只叫廷尼的小狗坐在旅行车里大摇大摆地开进纽约市，车顶上架着独木舟，车后拖着拖车。我们4个孩子都是生平第1次到纽约，那次旅行给我的印象特别深刻。我们去看了由原班人马演出的舞台剧《卡默洛特》，演员包括朱莉·安德鲁斯、理查德·伯顿、罗迪·麦克道尔和罗伯特·古利特。当时我们都穿着百慕大短裤去看戏。"

山姆说："我很欣慰的是，孩子们能记得美好的时光，而不埋怨我不能陪伴他们，以及我没把心思放在家里。"

孩子们不太埋怨的一个原因也许就是山姆和海伦总把他们

拉入商业活动中，并从一开始就让他们接受正确的信息。在度假时，4个孩子谁也不想逛那些商店，但他们知道父亲山姆这样做的原因，因为他们都在商店里打工、投资和购物。

第四节　不论何时要让孩子充满自信

我过去既得A，也得B，A和B都很好。

——山姆·沃尔顿

面对孩子们的学习问题，海伦和山姆却时常意见不一致。海伦总是喋喋不休地教育孩子们该做什么不该做什么。而山姆总是心中有数却保持沉默。孩子的考试成绩是好还是差，他不会太过夸奖或责备。

就考试成绩来看，假如哪个孩子考试得了A和B，海伦就会向孩子们施加压力说："我过去全得A，我知道你也行。"而父亲山姆则要温和得多，他会说："我过去既得A，也得B，A和B都很好。"

山姆总是鼓励孩子们去做他们应该做而且自认为能办到的事。有一次，约翰想去攀布法罗里弗对岸的峭壁，山姆对他说："你如果觉得自己已长大了，可以去攀那山崖的话，那你就去攀吧。"这是对一个12岁孩子的判断力的一种令人兴奋的挑战，对他的自信心的强烈鼓舞。

后来，当孩子们真的长大了，并试图在世上寻找一种适合于自己行为方式的工作的时候，山姆会公开邀请他们加入沃尔玛公司，但从未暗中施加压力，这是多么良好的成长环境啊。

第五节　不放过任何学习机会

> 我逛遍了全世界的商店，从中得到许多了不起的点子。
>
> ——山姆·沃尔顿

对于沃尔顿家族的发展，山姆一家6口每人都做出了自己的贡献。

山姆逛遍全世界商店，为更好地经营零售店寻找好点子。不论大城市还是小乡镇的商店山姆都会去仔细地逛一番。山姆从各地不同的商店中得到许多了不起的点子，虽然有些点子实行起来效果并不佳，但大多数地参观还是大有裨益的。比如像周末工作，如果想要在零售业中获得成功，就必须这么做。周末工作的点子使山姆商店的销售业绩又一次大幅提升。

山姆就是这样一点点地积累经验让公司兴旺发达。而家里其他成员却以自己的方式为沃尔玛企业的繁荣昌盛贡献。

海伦在自己家的商店里获得商品也需要付款，与其他顾客没什么两样。刚开店时，家里需要什么，海伦就顺手带些回家了，从没想过要付钱。但是她发现这样做，不仅会影响到顾客购物时的心态，而且会造成部分商品短缺。因为别人看到海伦拿东西不付钱，也就会顺手牵羊；以至于常常因被盗而造成莫名其妙的存货缺损。4个孩子也和海伦一样养成了在自己家店里购物的习惯，不会随意拿走。

每逢圣诞节，山姆会从儿童福利办公室得到一份名单，上面是一些无法得到圣诞老人礼物的儿童以及他们的年龄及身高等资料。

一天夜里，在商店打烊之后，山姆和海伦带着4个孩子来到店里，让他们为那些不幸的儿童挑选礼物。山姆想把家庭的温暖与那些不幸的儿童分享，也让孩子们感受一下自己温馨家庭以外的另一种气氛。山姆觉得能为社区尽上一份微薄之力，觉得很踏实。

虽然山姆从不迫使孩子们做他们不愿做的事，但他认为他们必须要像自己一样努力地干活，必须有将来成为生意人的决心。

长大后，罗布进了法律学院，毕业后成了沃尔玛公司第一位律师。他为公司在社会上扩大影响做了大量的工作，在担任了公司的领导岗位和董事会成员之后，罗布参与了公司的上层管理。

吉姆学了许多房地产知识，并从他巴德叔叔那里学到了谈判的艺术。当巴德从本地选择新店开设地点的工作中摆脱出来后，吉姆接管了过来。他确实很擅长经营，至今还能听到他的一些传闻，说他行色匆匆，骑着自行车，飞快地穿过大街小巷，寻找好的店址，当时人们还弄不清这个年轻人是谁。现在，沃尔顿企业由吉姆管理着，他经营起来几乎像他父亲一样精打细算。

艾丽斯和约翰也都在沃尔玛做过一阵子，但后来都出去开办了自己独立的事业。艾丽斯一度想成为采购人员，但她对此并不很在意。现在，她拥有自己的一家投资公司，利亚马公司，位于费那特维尔之南。

约翰曾在越战时期美国驻越南的绿贝雷帽特种部队中当过医务兵，是沃尔玛公司的第二位飞行员，巴德是第一位。约翰个性极强，成家后，他和自己一家人住在西部，在那里他设计并制造帆船，也经营一家规模不小的播撒农药的公司。该公司隶属于沃尔顿企业公司。

山姆有时会担心沃尔顿家族的子孙后代。诚然，要期望他们都能去送报，都能自力更生是不现实的，但是，山姆绝不愿亲眼看到自己的子孙后代堕落成游手好闲、庸庸碌碌之辈。他希望自己和海伦及孩子们的价值观能一代代传下去。

山姆认为即使将来，沃尔顿家的人无需从早到晚地工作，不必整天站在收银台前忙碌，也希望他们会是有理想和抱负的人，能做些有建设性和有用的工作，并能勇于向生活挑战。

Sam Walton

第六章　燎原之势

Sam Walton

第一节　如何赶在时代前沿

> 山姆有一个经销商的灵魂，喜欢把事情
> 做好，然后想办法做得更好，最后设法做得
> 尽可能地好。
>
> ——山姆·沃尔顿

"我一直说：山姆，我们已过得很好，为什么还要四处奔波，扩大规模呢？新店越开越远了，在第17家开业以后，我意识到没有什么能阻挡这种势头的发展。"海伦·沃尔顿说道。创业之初，山姆就像专业促销人员，在停车场上骑驴，驾驶推草机，将清洁剂堆积得像山一样高，或是在店堂里堆满促销商品。包括沃尔玛公司大多数工作人员在内，几乎没有人想到，山姆一开始就努力朝着成为最好的零售业者和最有专业水平的经理方向奋斗。

山姆喜欢面对一大群人发表言论，例如讲一个想法、一家商店、一种产品和整个公司等等一切山姆那时感兴趣的念头。而在内心深处，山姆有一个经销商的灵魂，喜欢把事情做好，然后想办法做得更好，最后设法做得尽可能地好。

有些人甚至认为山姆像是个无头苍蝇，今天做做折价生意，明天出去改卖汽车或炒炒地皮。显然，这种长期对山姆的

误解反而对公司有利。因为人们关注了这些变化却不太在意他们真正的发展，等到沃尔玛已经腾飞，谁也别再想赶上它了。

在美国，折价销售一度吸引过很多促销者，他们并非真正对交易感兴趣，而只是看准了这个大好机遇。明眼人一看便知，折价销售将成为一种新的潮流，将席卷全国，所有人都会投入其中。他们只是雇一些懂得业务的进货员和业务主管，然后就开店。大约从1958年到1970年，这种做法相当成功。

对山姆略有所知的人都知道山姆从不追随一时的风潮，山姆总是尽力去建立一个良好的零售机构。但在第一家沃尔玛店开业前后，山姆到处游历，结识了许多促销者，参观了他能找到的每一家店铺和公司总部，认真研究折价销售的形式。

山姆参观的第一批商店是东部的批发仓库店，那些店是折价销售的发源地；他还去了另一家位于罗得岛的安—霍普百货店和马萨诸塞州和新英格兰的其他一些商店。此后，山姆参观了巨人百货店、马默斯和阿兰百货店等等。

一位让山姆学到很多东西的朋友是索尔·普赖斯，他于1955年在南加利福尼亚成功地创建了联合百货商店。山姆和他的女婿交了朋友，他在休斯敦经营一家分销中心，和他谈话帮山姆理清了有关分销的思路——这最终成了沃尔玛成功的另一把钥匙。

山姆抄袭了或者说是"借用"了许多像索尔·普赖斯或商业界其他人的点子。举例来说，鲍勃·博格尔那天在飞机上想出了沃尔玛这个名称，山姆马上赞成的原因并非是这个名称简便，制作起来可以省些费用，而是山姆的确喜欢索尔的联合百货商店名称，所以山姆采用了沃尔玛这个名字。山姆相信，那时凯马特的名称尚未出现。

第二节 分析他人失败的原因

> 如果想要店里的职工能为顾客着想，那就应该先为职工着想。这是一些商家失败的原因，也是沃尔玛成功的关键。
>
> ——山姆·沃尔顿

山姆曾在商业报上读到，1976年商界前100名折价销售商中，现已消失了76家。其中不少销售商开张时有雄厚资本和明确的目标，在大城市又有频繁的商业机会，但他们犹如昙花一现。山姆不禁开始思考，为什么他们会失败：由于他们不把顾客当回事，不努力搞好店面的管理，不端正服务态度，归根结底是因为他们没有真正去关心自己的员工。

如果想要店里的职工能为顾客着想，那就应该先为职工着想。这就是那些折价商失败的原因，也是沃尔玛成功的关键。

这些早期的大折价商，大多是自我意识非常强烈的人物，他们喜欢驾驶舒适的卡迪拉克车，坐私人飞机旅行，乘游艇度假，住山姆不曾想过的豪华住宅。记得山姆曾应邀去过这样一所住宅赴宴，前来接山姆的是一辆能容纳14人的大型轿车。他们过着穷奢极欲的生活，亏得那时的折价销售还算景气，使他们能够承受得起如此奢侈的生活。真是顾客盈门，钞票滚滚而来。如果他们能遵循最基本的一些原则，那就不会落到关门大吉的下场。

一旦失去目标，就要付出代价。要创立资本雄厚的大公司有许多方法，做零售并不是唯一的，各种方法都可以，但一定要下真工夫。也许他们并不是因为坐卡迪拉克车或乘游艇而垮台，也许是他们觉得不值得像蜜蜂那样去不辞辛苦地干。但是有一点可以肯定，他们对业务不够投入，所以才会走向倒闭。

另外，那些短命的折价商店，大多数在没有建立良好的组织以及类似分销中心这样的后勤支援的情况下，又发展过于迅速，他们更不愿到别人的店里去实地考察学习。

那时，凯马特公司刚开张，他们的运转越来越好。山姆经常到各家凯马特商店。他真羡慕他们的商品组合及陈列方式。当时山姆觉得他们的店比自己的店有许多先进之处，以至于让山姆觉得难以同他们竞争。

在沃尔玛发展早期，小得很不起眼，引不起任何一位巨头的注意。因此，沃尔玛公司也没有卷入竞争。这让山姆有机会去了解其他商店经营的信息。每到一处，山姆都会说："您好，我是阿肯色州本顿维尔的山姆·沃尔顿，我们在那里经营着几家商店，我想拜访一下某某先生，谈谈生意上的事。"不管公司的领导是谁，山姆都想找。通常他们都会让山姆进去，也许出于好奇心吧，接着山姆就询问许多关于价格和分销诸方面问题，受益良多。

曾任美国零售顾问的库尔特·巴纳德回忆道："我曾是折价销售同业商会的执行副总裁，1967年的一天，我正在纽约的办公室工作，秘书说有人在门外要求加入我们的行业。而且说只需给他10分钟。于是一位矮小精悍、皮肤晒得很黑的人走了进来，腋下还夹着一只网球拍。他自我介绍说是阿肯色州的山姆·沃尔顿。"

山姆和库尔特见面时，山姆总是设法从他口中套取一切信息，还不时地做着记录。谈话越来越深入，整整谈了两个半小时。但是，山姆不能确定刚才会见的人到底是什么身份。

通过参观其他公司，山姆更加确信自己的公司正在丝毫不差地沿着正确的轨道前进。然而，当山姆的事业发达后，却有点失控了。

20世纪60年代后期，沃尔顿家族已有了十几家沃尔玛百货商店和15家特价商店。可是大多数员工不懂进货，要么经验有限，要么一点经验也没有。于是山姆下决心要找一个资深管理者。

山姆曾从J·J·纽贝里店雇来了加里·赖因博思，那时这家大型杂货连锁店刚好有些经营危机，山姆问他能否推荐个人才，他就向山姆推荐了在奥马哈的费罗尔德·阿伦。他是纽贝里店的部门经理，也是整个中西部商业采购的总负责人。所以，山姆和巴德乘飞机专程去拜访了他，请他携带夫人来看看沃尔玛的经营情况。

1966年，沃尔玛第五分店正在阿肯色州的康韦进行筹建。费罗尔德·阿伦来到康韦考察山姆的店。商店的一边是棉花加工厂，另一边是牲畜围场，环境糟糕至极。费罗尔德第一个念头就是：零售店不能设在这里。

接着费罗尔德看到本顿维尔店不像是有很好的组织规划的商店。于是对山姆·沃尔顿说："我对这里的经营没有太深的印象，现在还不太感兴趣。"就回到了原来的公司。

不久后，康韦的沃尔玛店开业了。山姆把销售情况告诉了费罗尔德·阿伦。后来，费罗尔德发现这家店一天做成的生意竟是他偌大商店一个月才能做成的。山姆的店每平方英尺只需付90美分的租金。费罗尔德觉得："他一定很有办法。"就在那时，纽贝里店决定改组，费罗尔德也将被分到新的部门，便想："好吧，如果要我在为之工作了21年的公司里重新开始，为什么不去看看我真正感兴趣的事物呢？"

然后，费罗尔德选择了山姆·沃尔顿的公司，并成为山姆雇用的第一任常务副总裁，后来成了总裁。

费罗尔德在本顿维尔广场上的沃尔玛公司总部工作，任副总裁。办公室设在一个陈旧而狭窄的过道楼上，下面是理发店和律师事务所。楼上地板已有些下陷，房子之间用木板隔开。尽管条件如此简陋，费罗尔德还是为沃尔玛公司提出许多有建设性的意见。将原来的组织做了重新编排，并建立商品分类和补充系统。

第三节　管理困境

> 分店越开越多，越开越远，我似乎陷入了管理困境。
>
> ——山姆·沃尔顿

1966年初，山姆·沃尔顿已在力所能及的范围内开设了将近30家店铺。这么多的商店仅后勤管理就已耗费掉他全部精力，沃尔玛公司急需寻找更高级的管理方式。在零售业协会会长阿贝·马克斯的指导下，山姆开始尝试使用计算机，试着用它来管理沃尔玛公司。

当时，计算机尚未普及，所有项目的实施，都靠商店职工的手工操作。山姆关注过许多有关电脑的文章，相当好奇，于是决心学习计算机。为此山姆参加了纽约波基普西的IBM学校开设的零售业电脑课程。一位教师来自属于折价同业会名下的全美大型零售业协会（NMRI），他的名字叫阿贝·马克斯。

有一次阿贝·马克斯参加一个零售业会议，山姆便慕名来拜访。他身穿黑色西装，夹着公文包。

山姆向费罗尔德介绍道："您好，我叫山姆·沃尔顿，阿肯色州本顿维尔的一个无名小卒，从事零售业。"

阿贝·马克斯想了想，对山姆说："你得原谅我，山

姆，我自认为知道零售业所有的公司和个人，但不曾听到过山姆·沃尔顿。你能再说一下贵公司的名称吗？"山姆说："沃尔玛公司。"

于是阿贝·马克斯说："好吧，欢迎你加入折价行业会。相信你会喜欢我们正在开的会议，并很快熟悉这里的每一位朋友。"

"谢谢您的美意，马克斯先生，说实在的，我不是来这里搞交际应酬的，我只是来拜访您。我知道您是一个合格的会计师，且颇有成就，我很想就我们正在搞的事业得到您的指点。"说着山姆打开公文包。

山姆的公文包里装满了阿贝·马克斯曾写过的每一篇文章和每一次演讲的文稿。可见山姆是做足了预备工作才来拜访阿贝先生。同时他还带了一本会计账本给阿贝会长。账本上的所有条目都是用手写出来的。他想让阿贝先生指点指点。

看着这些数字阿贝·马克斯感到非常惊讶，山姆只开了几家商店，却一年做成了1000万美元的生意，实在是不可思议！

山姆反复请教阿贝·马克斯，他们哪里做错了。阿贝·马克斯却把账本还给他，并帮他合上公文包，对他说："呆在这里就是错，山姆。别再打开包了，下楼去吧，叫辆出租车去机场，马上飞回家去，按你现在的做法，继续你正在做的事。你实在做得太好了，根本无需改进，你是一个天才。"

阿贝邀请山姆·沃尔顿加入全美大型零售业协会，这协会日后使山姆受益匪浅。山姆在该协会呆了15年，和一些人有良好的共事经验，也交了很多朋友。后来，山姆还去拜访了阿贝·马克斯好多次，阿贝思想先进，教山姆如何用计算机管理商店。

那时小型电脑和微机尚未出现，电脑系统按今天的标准来看是初级的，但在20世纪60年代算得上非常先进了。即便在美国也很少有公司会想到用电脑来管理商品存货。山姆为掌握计算机操作花费了许多时间，之后又带他公司的人来学习。

在计算机方面，山姆不是天才，他去上电脑进修学校，不仅是要自己掌握基本的计算机操作方法，还想要寻觅一位素质良好、精明懂行的电脑人才到公司服务。

在电脑进修学校，山姆遇到了各种各样精明的人才。如戴尔·沃曼，一个来自波特兰市弗雷德·迈耶公司的非常精明的零售商，后来成了山姆的好朋友。还有阿里·拉扎勒斯，他是赫布·费希尔的詹姆斯韦公司的总裁。

最重要的是在电脑进修学校，山姆邂逅了罗恩·迈耶。那时罗恩是阿肯色州阿比林市达克沃尔商店年轻的财务主管。山姆认定他正是沃尔玛所需的人才，便开始游说他为其工作。和其他人一样，起初罗恩对调到本顿维尔为一个简直一无所知的人工作毫无兴趣。但到后来，山姆的经营业绩让他改变了主意。

山姆正处于商业界称之为"分身乏术"的困境，他想把商店开到各个地方，但要去管理却鞭长莫及。如果还想继续发展，就得学会如何控制。

山姆说服罗恩先来看看他们是怎样工作的，然而还没来得及签约他就差点送了命。当时他们正在"男爵"号飞机里俯瞰着沃尔玛商店。接着准备着陆，去看在密苏里州迦太基的第12号商店。在迦太基有两条交叉的跑道，当他们准备在其中的一条跑道上降落时，猛然间看到在另一条跑道上有一架飞机，正在快速滑向交叉处，"男爵"号正对着它直冲而去。

之前，山姆既没看到也没听到它的信号，真不知它是从哪里冒出来的。山姆只好开足了马力，再重新将飞机拉起来，刚好从那架飞机上面擦过，在空中绕了一圈才着陆。这是罗恩第一次与山姆一块飞行。他于1968年加入沃尔玛公司，当了主管财务和分销方面的副总裁。

山姆终于如愿以偿，商业协会以及新雇用的罗恩·迈耶帮他设计了一套计算机系统，用以支持后勤管理。仅这一点基本就可以解决山姆当时所面临的区域扩展问题。就好比行军打仗，你可以把军队派往全世界，但必须有军火和食品的供给，否则就毫无用处。

利用电脑管理，公司总部可以得到各分销店及时的、全方位的信息，这些信息包括：店里有多少商品，是什么商品，哪些商品销得较好，哪些卖不出去，哪些该补订货，哪些该降价求售，以及怎样替换那些滞销商品。要掌握更多的技巧，就是帮助公司控制存货周转率，即销货与存货的比例。这是关键所在。周转率越高，则需要的资金就越少，而要达到高存货周转率，还要涉及进货的时机、如何定价、折扣等等，这些都是后勤补给的问题。

自此，山姆基本解决了分身乏术的问题。这使他能毫无顾虑地增加分店数目，并经营得非常成功，利润丰厚。

没有计算机，山姆·沃尔顿不可能在后来取得这些成就。没有计算机他不可能以他自己规划的方式建成一个零售帝国。他还做了许多其他事，但如果没有计算机的帮助，一切都是不可想象的。

第四节　进货困境

建立分销中心，提高商品流转效率。

——山姆·沃尔顿

20世纪60年代中期，阿贝·马克斯在大都市商场里工作，有大型的分销商提供服务。凯马特公司和伍尔科公司也已采用了同样的分销系统向成百上千的杂货店供货。而沃尔玛公司的一些分店就是摆脱不了无人提供货源的困境，这就意味着他的分店经理们得自行去订货，然后，过几天才有卡车为其送货过来。

即使这样，也依然存在许多问题。因为，他的许多分店规模太小，不能一次订下足够的货，所以沃尔玛公司不得不租下本顿维尔市区的一个旧车场作为仓库。他们常常把大量货物先运到仓库，然后将其改装成小包装，运到各个分店里去，这种方法既费钱又费时。

就在那时，山姆和费罗尔德雇来了鲍勃·桑顿，他曾为纽贝里百货公司在奥马哈市开了一家分销中心。山姆答应鲍勃，将建一个分销中心交给他经营管理。他也相信鲍勃能为他建立一个贮存及分销系统。

鲍勃·桑顿来到本顿，开始制订计划。然而有一天山姆问他："我们是否真的需要一个仓库？"鲍勃说："唉，山姆，我想经营一个贮存处。"

此后大约大半年的时间，鲍勃·桑顿就在公司帮忙做各种各样的其他事务。在工作之余，他就为建立一个分销中心做计划。

那时沃尔玛公司总部的办公室里已没有空位，因此他们在墙上开了一个洞通到隔壁一家鞋店的楼上，有点类似小阁楼，鲍勃就在那里办公。他的办公室既没有供暖设备也没有空调，他把一间陈旧的盥洗室加上门帘，外面部分就兼做休息室。在这样简陋的办公室里，鲍勃从未放弃设计一个完美的分销中心。山姆虽然打算暂不建立分销中心，但是他经常来看看鲍勃做仓库规划的进度。山姆想确保他所建的正是他们所需要的仓库。

在那个时期，山姆得靠自己筹集资金去支付每一分钱，为了开新店，他向银行贷了很多的款。所以他会很谨慎地做出每个决定。

有一位在IBM电脑进修班学习的同学，在威斯康星州格林贝市负责贮藏和分销中心的工作，他邀请山姆前去参观。山姆叫上了费罗尔德和鲍勃·桑顿，以及另外3个人，一行6人坐着山姆的那架"男爵"号座机飞到了威斯康星州的格林贝。他们参观了整个仓库，看他如何经营，还详细地做了笔记。那是他所了解到的第一个电脑化仓储系统。

访问后，山姆意识到他们必须建立自己的仓库，而且几乎每个人都要求他再建一座标准的办公地点。

后来，山姆用大约2.5万美元买下了本顿维尔市边上的一个占地6.5万平方英尺的农场。鲍勃负责建造面积为1.5万平方英尺的标准办公楼，山姆希望办公室建得结实耐用，直到现在那里还有办公人员。

在鲍勃·桑顿的设计蓝图里，仓库需要10万平方英尺。后来，山姆又请来了一位建筑师重新规划，他的设计图只有6万平方英尺。山姆觉得还是太大了，但费罗尔德说："我们需要它。"于是，公司采用了建筑师的设计。

鲍勃设计的分销中心地上铺设轨道，搬运车可以迅速作业。山姆说："我想最好不要那样做，我们负担不起这种费用。"

鲍勃不知道没有搬运轨道系统的仓库该怎样运行。于是他只能对山姆说："嘿，山姆，如果我们没有搬运轨道系统，那么留着我还有什么用处呢？"最后山姆终于让步了。事实上，山姆从不按部就班地做任何一件事，除非确实需要这样做。

因为在那个时候，山姆对花费任何非必需的开支十分敏感。他们总是想方设法让商店的利润全数转投到开新店上去。但是他仍然需要向银行贷许多钱。为了发展公司，山姆个人负了许多债——大约200万美元，这在当时是一大笔钱，对他来说确实是一个沉重的负担。

第五节　分销系统正式建立

我总想知道到底能走多远。

——山姆·沃尔顿

到20世纪70年代初，沃尔玛公司的业务已经扩展到了密苏里州赛克斯顿。另外在尼欧肖和西普莱恩斯也建立了一些分店，还到了俄克拉何马州的克莱尔莫尔市——海伦的故乡开了一家分店。

山姆最初的七八家沃尔玛百货店经营取得了辉煌的成就。他们一旦开了头就难以歇手，大家都已清楚地看到了发展的潜力，销售和利润业绩可观，没有人愿意停下来。但他们需要更好的组织和找出切实可行的办法来为发展筹集资金。山姆雇来的精通计算机系统的罗恩·迈耶和擅长经营分销中心的鲍勃·桑顿，为沃尔玛公司建立了在当时看来最先进的仓库管理系统。

从1968年到1976年，罗恩一直在沃尔玛公司工作，这是沃尔玛公司发展史上最重要的时期。在罗恩加入以前，沃尔玛公司的经营状况也很不错。但是他到任之后，又引荐了一个名叫罗伊斯·钱伯斯的人进入公司，他是公司的第一任信息部经理，为公司建立了第一个高级的管理系统。这些系统是山姆先进管理方法的开端，这种方法使得他们即使在飞速发展时也能和商店保持真正紧密的联系。

因为沃尔玛公司的许多分店坐落在偏僻的小镇上，但却必须跟它们保持供给和联系，所以，他们被迫在分销和通讯方面尽量赶在时代前面。

罗恩开发了一套程序来有效地提高内部沟通的效率。在此之前，费罗尔德·阿伦已打下了基础。罗恩接手分销工作后，就开始设计并建立了一个使公司能快速增长、回收迅速的分销系统。罗恩是使沃尔玛公司摆脱旧的货运方法的主要力量。

原来各个分店必须直接向制造商订货，再由制造商将货运送到各个分店。罗恩设计的管理系统把公司的管理引上了新的路子。比如"商品组合"概念，那就是由总公司统筹订货，再由分销中心将各分店的订货组合起来，并且做到"出入分离"，仓库的进货与出货分别在仓库的两边。

自从罗恩·迈耶加入后，沃尔玛公司在精密设备和先进技术上的投资就超过了其他零售商。虽然山姆总是尽量节约资金，但为引进这些技术，山姆却对罗恩说："好，可以，你们该花多少钱就花多少钱吧。"

山姆对任何事总爱提出疑问，他让设计新系统或管理模式的经理们细致评估各项决定。也许那些技术并没有他们所想象的那么好，或者并不能完全实现他们许诺的功效。如果他们想证明山姆是错的，那就必须更细致地检查和更努力地去研究。如果山姆真不想要那技术的话，不会轻易地把钱抛在上面。

到20世纪60年代末期，沃尔玛公司的成长速度实在非常之

快，业务有了明显的发展。

他们有自己坚信的零售信念：以专业化的管理队伍为核心，以能支持公司持续发展的分销系统为基础。到1968年，他们有了14家杂货店以及13家沃尔玛百货店。到1969年，又增加了5家沃尔玛百货店，而且还要不断地扩张下去。山姆无法控制自己，总想知道他自己到底能走多远。

大概就在那时，山姆和巴德开始考虑是否要让公司股票上市。

Sam Walton

第七章　公司上市

Sam Walton

第一节　债台高筑，惶恐不安

总想尽力解决好债务问题，可总也不如人愿。

——山姆·沃尔顿

分销系统建立后，公司业务得到突飞猛进的发展，同时也负债累累。虽然如此，山姆还想继续拓展业务，这需要更多的资金，而向银行贷款已不是解决问题的最好办法，于是，山姆与巴德商量公司是否可以上市。对此，海伦持反对意见，因为她不愿意将公司的财政状况公开出去，她说："没有什么事比股票上市对我影响更大，公司股票上市以后，人们有权过问各种各样的问题，整个家庭的隐私全被破坏。实在让人无法接受，我恨这一点。"

山姆自从第一次向银行贷了1800美元，为纽波特的本·富兰克林商店购买冰淇淋机起，他对债务便一直感到忐忑不安。但山姆又感觉到要做生意，就要向银行贷款，而且他也精于此道。

曾有一阵子，山姆常来到地方银行，为开新店或添置设备的事贷款。山姆在阿肯色州和密苏里州南部每家银行都贷过款，随便哪家银行都乐意贷款给他。因为，他们相信山姆的经营能力，相信他会还清贷款。当然，山姆也总是按时还清贷款。只是有时山姆会从一家银行借钱去还给另一家。

不仅如此，山姆还曾用30万美元买下了本顿维尔市的一所小银行，当时该行仅有大约350万美元的存款。但这对山姆学习融资方面的知识极有帮助。山姆也因此结交了不少银行界的新朋友，并开始更多地研究银行家以及他们做生意的方式。山姆同达拉斯共和银行的吉米·琼斯交情很好，他曾贷给山姆100万美元。

除银行贷款外，山姆也试图从商店经理和亲戚那里吸收投资。比如山姆的4个孩子就都在沃尔玛店里有投资份额。到1970年已有78名合作者投资于沃尔玛公司。事实上，这已不像是一家公司，而是由32家商店组成，由许多不同的人所共同拥有的企业。但沃尔顿家族拥有每个商店的绝对多数的份额。

那时，山姆和海伦可以说是浑身是债，数目高达数百万美元。尽管负债尚未超过山姆的资产，但债务沉重地压在山姆心头上。山姆常常假设，万一发生意外，投资人就会设法抽走他们的资金，那他们就完了。因为山姆经历过经济大萧条，所以会有这样的疑问。山姆总想尽力解决好债务问题，可总也不如人愿。

第二节　多方咨询，运筹帷幄

> 我也曾担心股票上市后会失去对公司的
> 控制。
>
> ——山姆·沃尔顿

公司是否上市，山姆考虑了很久，并从阿贝·马克斯及其他一些零售商协会的同行们那里征求过意见，但他没有立即采取行动。

1969年的一天，山姆接到一个电话，来自史蒂芬斯公司的迈克·史密斯想跟山姆谈谈。史蒂芬斯公司是密苏里州西部最大的投资银行，是一家证券公司，它在全国信誉卓著。

迈克知道山姆渴望了解股票上市的详细情况，因为他的负债几乎已经饱和。而迈克也曾做过一次股票上市的操作，这次他想与山姆合作。所以，迈克从小石城到本顿维尔的路上，每经过一家沃尔玛商店，都停下来看看，了解其经营情况。

迈克·史密斯驱车前来本顿维尔时，山姆正在办公室办公。见面后山姆就带着迈克坐上他的飞机到奥克拉何马和密苏里的各家分店去看，然后边看边谈有关上市的问题。迈克的提议有很多独特的见解。那次谈话中，山姆心中种下了日后公司股票上市的种子。

不久后，山姆和巴德到奥克拉何马的罗伯逊牧场打鹌鹑。那几天的大部分时间都在谈如何抉择，他们希望扩大生意规模，但也意识到，他们无法创造足够的利润，既可扩大生意规模，又可以还债。

事实上，由于资金短缺，山姆已不得不放弃计划投资的5块地方，因此，是该采取行动的时候了。在驱车回家的路上，山姆和巴德一致同意要认真考虑股票上市的事情。但是，他们担心股票上市后会失去对公司的控制。

正在他们犹豫不决的时候，一些债主向他们讨债了。山姆飞到达拉斯，试图向共和国银行再借些钱。可是，银行的官员却马上对山姆紧张起来，因为他在那里还有尚未结清的债务，因此货款要求遭到当场拒绝。

为难之际山姆刚好发现，他的老朋友吉米·琼斯转到新奥尔良的第一商业银行工作，山姆就从达拉斯直飞新奥尔良，去看看他是否能帮助自己。吉米给了山姆150万美元的贷款，这虽有助于山姆摆脱暂时的困境，但并不能解决长远的问题。

沃尔玛公司和另一家名叫"大众互利"（Mass Mutual）的保险公司也有来往，所以就顺道拜访了一下。他们答应借给山姆100万美元。但是，山姆得接受他们苛刻的条件，不但利息照付，而且承诺当沃尔玛的股票上市时，他们有对各种股票的认购权。显然，这是乘人之危，但山姆别无选择，因为他实在需要资金。后来，当沃尔玛的股票上市后，他们从中获益达上千万之多。

那时，山姆对欠熟人的钱感到厌烦，而向陌生人借钱更感厌恶，因此山姆决心让沃尔玛公司股票上市。山姆同时让迈克·史密斯和杰克·史蒂芬斯知道他有意让股票上市，希望他们知道这里也存在着竞争，就像山姆总是让其他人感受到山姆的竞争一样。

山姆放出风声，说山姆对小石城证券公司的兴趣不大，而希望将股票上市事宜委托给一个华尔街的大承销商。这样做是对是错山姆不知道，总之这使迈克和杰克均颇感不悦，接着山姆就跑到纽约去寻找适当的承销商了。

山姆趁去纽约采购之便，决定走一趟华尔街，听听那里人的意见。他听说怀特·韦尔德公司曾替奥马哈一家叫帕米达（Pamida）的零售连锁店上市过股票，于是就去拜访他们。他向该公司的接待员作了自我介绍。我是沃尔玛百货店的山姆·沃尔顿——这是他习惯性的自我介绍方法。他说："我想找人谈谈有关公司股票上市的问题。"接待员问："啊，是吗？你从哪儿来？"

当他说从阿肯色州的本顿维尔来时，她说："好吧，我们这儿有位雷梅尔先生也是阿肯色州人，他也许能帮助你。"于是就把他介绍给来自小石城的巴克·雷梅尔。

山姆不大记得是怎样认识巴克的，只记得向他作了自我介绍，又问了一个问题："你们对承揽我公司股票上市事宜有多少兴趣？"巴克说得研究一下。最后，他答应承揽。

山姆一直认为怀特·韦尔德公司的承揽，是股票上市成功的一大关键，因为它是当时数一数二的投资银行。

同时，山姆又告诉巴克等人，希望史蒂芬斯的人也能承销一部分股票，因为他们是老朋友，怀特·韦尔德问迈克·史密斯是否想承销其中的1/3，而他们做2/3。迈克把此事报告给了经理杰克，商议后，他们决定承揽1/3。后来，在另一次承销中，史蒂芬斯公司与怀特·韦尔德各分了50%的生意。

第三节　公开上市

我乐于做正在做的事情，乐于看到事业的发展，看到合作者及合伙人的成就，我绝不停止工作。

——山姆·沃尔顿

山姆准备让公司上市的时候，他的长子罗布已于前年从哥伦比亚大学法律学院毕业，在塔尔萨最大的一家法律事务所工作。沃尔顿家族就成了罗布执业后的第一个客户。作为沃尔玛公司的律师，罗布的首要任务就是详细了解沃尔玛各店的各类协议，并研究各种公司未来可以选择的走向。

罗布向山姆提议应重新整理公司债务，把分散的贷款合并成一笔大的贷款。罗恩·迈耶和山姆听说谨慎保险公司向许多零售商贷款，于是就飞到纽约准备与该公司的一位官员会谈。走之前山姆在便笺上记下了预计所需的金额。

山姆向负责贷款的官员介绍了沃尔玛公司的5年计划：包

括销售额、利润、分店的数量以及公司的发展策略。山姆指出了公司的发展优势在于，大多数商店开在小镇上，那里既没有竞争，又潜藏很大商业潜力。

谨慎保险公司负责贷款的官员不吃这一套，并说像他们这样的公司是不敢冒那么大风险投资的。

于是，罗布开始着手准备发行股票的计划。他将公司原来的所有合伙人全部纳入公司的名下，然后剩下的20%股份公开上市。沃尔顿家族大约拥有75%股权，其中巴德15%左右，另一些亲戚拥有一小部分。早期加入到沃尔玛公司并做出贡献的经理，如查利·鲍姆、威拉德·沃克、查利·凯特、克劳德·哈里斯等各占了一些股份。山姆还有一张详细记录所有分店小额股东的名单，罗布便根据账面金额，对每家分店做了简单评估。每个股东都爽快地在契约上签了名。

原阿肯色州费耶特维尔第六分店经理助理阿尔·迈尔斯，回忆起当时入股的情形，他说："一旦进入股市，对我们这些来自乡村的人而言，并不意味着什么。正如董事长所言，我是赤手空拳出来打天下的，甚至还不知道股票究竟为何物。但感谢上帝，我还是买了一些。因为菲尔·格林对我说：'嗨，小伙子，快去买些股票。'于是，我买了，并一直保存着。因为，我相信沃尔顿先生和我的商店。事情就这么简单。"后来阿尔是沃尔玛百货店退休主管。

1970年初一切准备妥当后，罗恩·迈那和山姆到各地去促销他们即将上市的股票。各大中小城市他们都去了，包括洛杉矶、旧金山和芝加哥等地，他们还向人们传递着沃尔玛公司前途不可限量的信息。

但就在沃尔玛公司股票发行前，股市跌落了，于是山姆不得不推迟发行计划。公司经理们召开了不寻常的会议，他们一起去钓鱼，但主要是专心讨论公事。

1970年10月1日，沃尔玛公司的股票正式上市。上市说明书上记载发行30万股，每股15美元，溢价发行每股16.5美元。虽然只有800名买者，其中大多数是投资机构和熟人。买的人不太多，但是市场反应良好。

众所周知，沃尔玛股票的表现以及它所创造的财富令人惊讶，它的发展像是一篇精彩的故事。在15年前，沃尔玛公司的市场价值大约是1.35亿美元，而现在的价值已超过500亿美元。而具体到当初入股的人来说，假如在原始发行中买了100股，共花了1650美元；经过10年的9次一股配一股，就拥有了5.12万股。1990年沃尔玛股票，每股的市价大约是60美元，所以，当初买进的100股股票总价值大约是300万美元。

沃尔玛的股票让投资者兴高采烈，原因既明确又简单。沃尔顿家族的财富就是这样创造出来的，它的盈利超出了山姆的想象。几乎每年都按100%的速度增长。1970年100股价值，到1971年5月就相当于去年200股的价值，而到了1980年已相当于1600股的价值。

在巴尔的摩市一家T·罗普赖斯信贷公司任职的人了解到沃尔玛公司股票上市非常成功的消息后，马上为他的公司大量地买进了沃尔玛的股票。存放10到15年后，这些股票成了他们的财星。公司不断配股，他们就有卖不完的股票。山姆也难以弄清他们在沃尔玛股票上究竟赚了多少。

公司上市后，像海伦说的那样，让沃尔顿家庭引起了公众注意，带来不少麻烦；但是，公开发行股票让公司偿清了所有债务，这让海伦和山姆觉得无比欣慰。沃尔顿家族虽然只拥有61%的沃尔玛公司股份，但偿清了所有贷款，并从此以后再也不必向银行借钱来维持沃尔玛公司了，公司能自我发展并自己解决资金问题。

后来，股票又公开发行了一次，目的是为了增资及扩大流通的范围，使沃尔玛公司的股票能在纽约股票交易所进行交易。但在这次增资发行中，作为一个家族他们只卖出了一小部分股票。因为，山姆认为出售家族的股票会造成家族的分裂，因为那些股票是沃尔顿家族财富的主要来源，所以他们一直保持着那些股票，不轻易出售。

也许有人会说，商场上竞争太过劳神，山姆不如干脆把股权卖给那些荷兰投资人，或者卖给凯马特，卖给联盟商店等其他公司，自己完全可以坐收股利，安享天年。但山姆天生乐于做他喜欢的事情，乐于看到事业的发展，看到合作者及合伙人的成就，山姆绝不停止工作。

刚开始时除了在沃尔玛公司工作的人以外，在阿肯色州西北部很少有人对他们的股票感兴趣。大多数人只记得他们拥有一家或几家商店、山姆曾当过扶轮社社长、钱伯斯商会总裁。他们认为沃尔玛公司只是按原来的模式反复扩张，认为山姆的成功只是运气好而已，但运气并不见得能持久。

事实是，沃尔玛像其他公司一样，也想保持股价的持续上涨，并且尽力吸引投资，所以他们早期的所作所为往往也是非正统的，但其增长速度却有目共睹。

第四节　渐有所获的股东大会

> 伟大的事业根源于坚持不断的工作，以全部的精神去做事，不畏艰苦。
>
> ——罗素

大多数股份公司每年都会召开股东大会，有些公司还专门为华尔街的股票分析专家们举行研讨会，会上还报告公司的发展状况，试图赢得他们对公司股票的支持和信心。

史蒂芬斯证券公司的迈克·史密斯是一个极富想象力和别出心裁的人，在沃尔玛公司进入股市之后，迈克向山姆建议应把召开年会炒成一桩轰轰烈烈的大事。

一般股东会议是在大城市的一些宾馆舞厅里举行的，而且会议开得比较迅速。正式的程序是：宣读会议记录、通过股东的提案。

有些公司，故意将股东会议选在像特拉华州的威尔明顿这类地方召开，一则是公司所在地在那里，名正言顺；二来地处偏远，不会有太多股东出席。

沃尔玛公司的做法正好相反，为了鼓励股东参加，他们一般选在周末开会，并尽量邀请各地股东都来参加，不管是远在纽约、芝加哥或其他什么地方，虽然来回费用自理，但公司总给他们留下足够的时间。

沃尔玛公司上市后的第一次股东大会就在公司附近咖啡厅召开。为帮助做好开会的准备工作，迈克提前一天就到达了，一个来自纽波特的朋友弗莱德·皮肯斯记错了开会的日期，也提前一天到达。所以山姆决定就在他的办公室先为弗莱德先生单独召开一次股东会。第二天，在仓库附近的一家咖啡厅里，共6人围在桌旁，正式的股东大会就这样开始了。

第二年，迈克对山姆说："山姆先生，我们现在是股东公司了，得开一个真正像样的年会，并尽量多邀请一些人参加。让我们在小石城开会吧，那是阿肯色州的首府，你又来自阿肯色州，人们到那里去开会比到本顿维尔容易多了。"山姆虽然不太喜欢这个建议，但还是同意了。

于是，在小石城的马车夫旅馆召开了沃尔玛公司的第2次股东大会，但被邀请的人一个也没来参加。山姆对迈克说："迈克，这就是你的建议。"当时他们失望极了。

第三次股东大会是在贝亚维斯塔举办，那是在本顿维尔以北的一个已开发的山区，有许多高尔夫球场、网球场及湖泊。当迈克提出这个建议时，山姆说："看来要破费了。"但他还是决定试一试。

后来被证明这是个好主意，果然有很多人来参加会议。股东大会安排在星期五。山姆选派公司的经理去机场迎接从各地来的股东们。当天晚上举行了盛大的篝火野餐，星期六早上是情况通报会，听取沃尔玛公司负责人关于商品、财政和分配情况的报告，以及当时公司的运转情况。

山姆还希望这些来自不同城市的投资者，其中包括许多给他提供贷款的银行家们，亲眼看看他们所做的一切，以及怎样做到目前这个地步的第一手资料。换句话说，山姆希望股东们到本顿维尔来了解公司，了解他们的诚实、奉献和工作道德。正是这些原则，使沃尔玛战胜了竞争对手，而在纽约，他们不可能了解到这些。

在刚开始时，股东会议根本不像现在这样的规模空前，热闹非凡。那时，星期六会议结束后，会举行一些特别的活动。有一年是高尔夫球赛，还有一年是去布尔肖尔斯湖钓鱼，又有一次让大家泛舟舒格河上。最糟糕的一次活动是在舒格河岸边的帐篷中野营过夜。

那真是一次失败的年会活动，他们是一群来自大城市的投资分析家们，当野狼在深夜哀嚎，猫头鹰咕咕低鸣时，有半数左右的人整夜困守在篝火旁，根本不敢入睡。后来他们认识到，露营不是一个好主意，因为很多人不习惯在岩石上野营，在睡袋中睡觉。

那时，沃尔玛公司的人整夜忙着烧烤，而证券分析师及其他大股东们都做起了"帮手"。这样的会开过几次之后，山姆觉得玩得有点过火了。一些人喝得酩酊大醉，还跟着大伙泛舟，差点溺水淹死。不少人酒后失态，山姆很不能容忍别人酒后失态。所以，后来的股东大会取消了酒类供应，股东们再也没有纵过酒。

沃尔玛的股东会议成了华尔街证券商们的谈论话题。人们都认为山姆是可以长期合作的，是认认真真的实干家。因为公司有严格的财务原则，并且日趋成熟。

这些会议的成功举办，说明沃尔玛在上市初期就比其他公司更加努力地设法让华尔街来认识和理解公司。

第五节　坚定不移的支持者

> 坚强的信心，能使平凡的人做出惊人的事业。
>
> ——马尔顿

沃尔玛公司有一个忠诚的合作伙伴是玛格丽特·吉利姆，她是"波士顿第一证券公司"（First Boston）的分析师，她为客户投资大笔资金在沃尔玛的股票上，不是投机炒作，而是由于信任而长期支持，并使她的客户获益匪浅。

玛格丽特·吉利姆说："沃尔玛是我们所了解过的经营得最好的公司。我认为它应是全美国经营管理得最好的公司，我们的一个投资客户甚至认为它是全世界经营管理得最好的公司。在我们一生中，恐怕再也难以找到另一家比沃尔玛公司更具投资潜力的……"

跟大多数投资商不同，山姆不仅没有深入地研究投资理论，而且除了投资沃尔玛公司以外，他没有投资过任何其他产业。反之，那些长期支持沃尔玛股票的人，却是研究过公司状况及其历史的人，他们深知沃尔玛的实力和管理方法，而且大多数人和山姆自己一样，决心对沃尔玛作长期投资。

有一批来自苏格兰的长期投资者，他们坚持对沃尔玛公司的投资胜过任何其他公司。创业之初，史蒂芬斯公司的人带山姆到伦敦促销公司股票时，沃尔玛公司就引起了他们的兴趣，而且他们乐意长期投资。这些苏格兰的长期投资者们，只要对某个公司的基本情况和管理水平感觉良好，就会对其充满信心，不会像一些投资基金会那样经常买卖公司股票。

在加州也有一个类似这样的股东。

法国投资者皮埃尔，也是沃尔玛公司忠实的支持者。那年在舒格河泛舟时也差点淹死。但那以后，皮埃尔就开始购买沃尔玛的股票，并极力向他的法国基金会同业推荐。他大约连续15年持有沃尔玛的股票，并从中获益颇丰。

沃尔玛的长期投资者各个笑逐颜开，因为沃尔玛是全美股票投资回报率最高的企业之一。从1977年到1987年，股东平均每年投资回报率高达46%，即使在1991年经济不景气时期，回报率也达32%之多。

第六节 摇摆不定的投机者

最高的享受就是完成别人认为你完不成
的任务。

——培德若特

一些所谓投资专家的言论让山姆觉得无聊。当沃尔玛的股
价升到40美元或42美元时，一些融资公司的经理们便会有意无
意地放出风来，劝大家趁高卖出，说什么已经涨到不合情理的
价位了等等。使沃尔玛的股市行情稍有波动。

但山姆认为这种说法是毫无道理的，一个上市公司只要
善于经营，关心职员和客户，打好基础，就成功在握了。当
然，只有观察敏锐和细致的人才能判断好这些基本要素。山
姆说："如果我是沃尔玛的股东，或打算投资沃尔玛公司，
我会走进10家沃尔玛的商店，问问店员：'你觉得要不要投
资沃尔玛？公司给你的待遇如何？'他们的回答一定是极有
价值的参考标准。"

即便如此，山姆每年都会选择合适的地点，增开大约150
家商店。虽然有些规划带有短期性；但股市的压力迫使公司必
须重视长期规划，考虑经营的连贯性，一年又一年，不仅指利
润，也指销售额、毛利及其他事宜。

沃尔玛的股票也有过剧烈的波动，有时零售业成为投资热点，于是股价骤然上升；有时一些人写文章说，沃尔玛的经营策略有误，于是股价又突然下跌。但山姆从不为这些事太过烦恼。

1981年，山姆买下了库恩的大K连锁店，使沃尔玛公司的经营范围首次跨入密西西比河东部地区。同时也有一些报告说沃尔玛的扩张已超出了他们的能力范围，还说他们再也没办法扩展到亚特兰大或新奥尔良。另外还有报告预测，如果沃尔玛扩展到圣路易斯等大商场集中的地方，只要碰到真正的竞争对手，就不再可能像现在这样创造利润了。

还有一些零售业分析师担心沃尔玛公司规模越来越大，将不能保持每年20％的增长率。但山姆认为，如果每年能保持20％的增长率已是零售业的奇迹。假设沃尔玛每年的销售额为250亿美元，20％就是50亿美元，这大大超过了别的零售商。但是，这些分析师却认为50亿美元的年增长率对沃尔玛公司来说是个"灾难"。

不论现在还是过去，从零售业的总体情况看，任何能维持两位数增长的公司都可算是行业内的精英了。

尽管分析师有自己的一套分析逻辑，并推论20％的增长率对沃尔玛公司来说是个灾难。但他们也清楚地看到，在经济衰退之际，在别的企业都受到了不小打击的情况下，沃尔玛凭借其雄厚基础，保持着稳定的增长，这确实是一项了不起的成就。

第七节 山姆的长远忧虑

真正使我担心的不是股票的价格，而是我们将来有一天可能会满足不了顾客的要求，或是我们的经理不能激发自己，不能照顾好同仁的权益。

——山姆·沃尔顿

沃尔玛公司的规模越来越大，投资者日益增多。山姆不得不坐飞机去底特律、芝加哥或纽约，去游说银行家和股东。令人欣慰的是沃尔玛的股票在开始时就上升，使得山姆不必花太多时间为促销股票而忙碌。可以把更多时间用在好好管理公司内部事务上。

山姆认为在纽约或其他大都市，那些所谓公共关系专家的演讲解说不会对股价上升起长期的作用，真正起作用的是公司的经营业绩。当然让华尔街的大股东以及投资家们更详细地了解公司动向和情况还是很有必要的。

在最近几年里，由于山姆一直保持着对股东们的高度认真负责，美国股东协会评选沃尔玛为美国头号上市公司。

上市几年来，真正使山姆担心的不是股票的价格，而是他的公司将来有一天可能会满足不了顾客的要求，或是公司的经

理不能激发自己，不能照顾好同仁的权益。

山姆也担心公司成长后他们会丢掉团队精神及家庭手足的观念。这些担心也是挑战，比起那些猜想他们走错了路的评论和报告来讲，这些挑战对山姆及家人来说更为真实，也更为危险。

作为商业机构的领导者，山姆并不满足于那些零售业分析师或纽约的财务机构为公司设下的各种目标。山姆只认为如果能在每天、每周、每月的销售收入中作出示范，使公司的利润有良好表现，那沃尔玛的股票在市场上也会攀升，就能实现山姆所追求的发展。公司的同仁及顾客将得到更好的服务。

如果在未来10年中公司都能始终如一地这样做的话，不管增长率是15%、20%还是25%都无关紧要。山姆并不为做不到那些分析师们为公司设定的所谓目标而劳碌或难过，他并不在意。因为他根本不在乎市场对公司的预测和需求，只在乎自己及公司是否真正认真地在做，公司的业绩是否保持相对稳定的增长，股东们是否真正得到实惠，获得利润。

Sam Walton

第八章　　三大战略定天下

Sam Walton

第一节　小镇扩张战略

> 沃尔玛的扩张方式是先向外抢占据点，再向内填满，最后全面占领市场。

> ——山姆·沃尔顿

现在山姆已经没有任何债务，他可以全心全意地实施他们的战略计划，那就是在其他企业忽略的小城镇开设大型的折价店。

在那个年代，凯马特百货是不会到5万人口以下的小镇去开店的，吉布森百货开店的标准也要有1万到1.2万人口以上的城镇。而沃尔玛的信条是，即便是少于5000人的小镇也照开不误，因此扩展的机会很多。

沃尔玛坚持小城镇、高速度和低价位的扩张战略，使它用了不到10年时间就成长为全美最大的零售企业。

人们常用这样的话归纳山姆成功的秘诀："他们总是在无人知晓之前便捷足先登小镇市场。"当沃尔玛开始被注意时，很多零售业的同行都把他们描绘成一群突发奇想进军小镇的乡巴佬。

而山姆的扩张方式是先向外抢占据点，再向内填满，最后全面占领市场。在折价售货刚兴起的时候，很多具有分销系统的全国性大公司如凯马特，都是以建立全国性的连锁网络而屹立于市场的，而当时的沃尔玛还没有那样的实力。

当像凯马特这样零售业的大公司从一个大城市发展到另一个大城市时，他们变得太过于分散，并且陷入了不动产、分区规划和地方政治的漩涡之中，反而把大城市以外的大好机会错过了。山姆早就认识到了这一点，所以制定了"小城镇发展战略"。

沃尔玛经理费罗尔德·阿伦说："事实是，我们的策略正确。在竞争出现以前，在那些小城镇实行折价销售的确容易。在早些时候，还没有人那样做，所以很少有人同我们竞争。折价销售对小城镇的人来说还是一个闻所未闻的新概念。当然，顾客不聋，他们大城市的亲朋好友会跟他们说的，他们自己也去过折价销售的地方。所以，当他们看见在自己居住的小城镇也搞起折价销售活动的时候，便趋之若鹜。"

如果只谈折价销售问题。费罗尔德关于竞争的说法是对的。但这是一个似是而非的论点，以致使很多人长时间地感到困惑。回溯到20年前的东部，他们总在说沃尔玛没有遇到过任何竞争，因此一旦竞争出现，就会措手不及。人们也许忘了山姆·沃尔顿就是从杂货店商业中起家的，而且就是来自美国地区性杂货连锁店的中心地带，并在美国各地建立了杂货连锁店。

在本·富兰克林的日子里，沃尔玛同斯特林商店和TG&Y商店和库恩的大K连锁商店，以及其他地区的商店展开了全面竞争。所以，即便在那些小城镇，折价销售不曾遇到任何竞争，但他们对竞争并不陌生。山姆随时留心着吉布森等商店，如果他们步沃尔玛的后尘真的也变成了折价连锁店时，山姆也知道该怎么对付他们，那就是保持尽量低的成本，以维持尽可能低的价格。

沃尔玛公司建立了多个分销中心，也就是仓库，以便照顾到所有的分店。每家分店与仓库之间的距离不能超过一天的车程，这样商品的供应和补充才不会发生问题。沃尔玛就是这样，以州为单位，一县接一县地去填满，直到整个州的市场饱和之后才向另外一个州继续发展。

总公司掌握着分店的运转情况，而且每家分店都在地区经理以及总公司的控制之下，随时都可以到分店去提供必要的照料和支援。

沃尔玛在阿肯色州西部的市场饱和后，便转向了俄克拉何马州，然后是密苏里州。沃尔玛一个地区一个地区地依次开发。有时也会跳跃式地开发，例如，当在路易斯安那州的拉斯顿开设了第23家沃尔玛分店时，发现在本顿维尔与拉斯顿之间的南阿肯色尚无分店，于是就回过头来在南阿肯色设了点。

山姆知道这种扩张方式还是十分有效的，于是就一直坚持下去，从阿肯色州、田纳西州，一路扩展到堪萨斯州和内布拉斯加州——一直扩张到任何想去的地方。

要扩展到大城市去，山姆却要经过缜密的考虑。山姆并不打算真正往大城市里发展，他只准备在大城市周围一定距离内先发展分店，静候城市向外发展。这个策略在实际使用中被证明十分管用。

山姆先在布罗肯阿罗和桑德斯普林斯设点，接着在密苏里边上的沃伦斯堡、贝尔顿、格兰德维尤开设分店，堪萨斯的周围邦纳斯普林斯和莱文沃思和达拉斯也如法炮制。

这种渗透战略除了有利于分销和控制外，广告花销也不用太多。当人们驱车经过时便可认得沃尔玛，然后成为沃尔玛的顾客。在佛罗里达州，许多来自北方的人们冬天到佛罗里达避寒，无意中也成了沃尔玛的回头客。

山姆经常会收到从北方寄来的信，要求他们去那里开店，因为这些顾客回北方后仍非常想念沃尔玛。

在里奥格兰德瓦利也发生了同样的事。在南、北达科他州以及明尼苏达州的农户都到那儿去避寒，于是认识了沃尔玛。因此当沃尔玛开到这些新地区时，已经有了一些熟客了。

第二节　低价交易战略

良好的地段和较低的地价，是开店成功的关键。

——山姆·沃尔顿

很早以前山姆就购买了他的私人飞机，他要去各地勘察，还要管理分散在各地的沃尔玛商店，这些小城镇道路建设不是很理想，地形又复杂，对山姆来说，要想及时了解各分店业务情况，飞机是最适合的交通工具。

后来，沃尔玛分店越开越多，飞机变成了勘察新店地点的最好工具。从空中勘察地势，山姆比别的零售商早了10年。在飞机上，山姆可以看出交通流向，观察到城市和乡镇的发展趋向。他们在空中找到了许多理想、合适的地点。然后，根据搜集到的情况，再拟定出自己的开发策略。

山姆说："我喜欢亲自勘察地形，让我的飞机飞得低低的，径直掠过一个镇子，接着再飞下一个镇子。一旦找到一个合适地点，便着陆，查出地产主人，并马上同他洽谈土地买卖事宜。"

沃尔玛最初的100多家分店的地址就是由巴德和山姆经飞行勘察后选出来的。他的驾机技术和收获确实令沃尔顿家族自豪。即使现在也很少有零售业主会像山姆一样驾机勘察可能的发展格局，但这种方式确实为沃尔顿家族带来不少产业和财富。

前500家分店的开设，山姆都是以这样的方式选到最佳开设地点，假如山姆不能亲自驾机勘察，就不会轻易签订土地合同。良好的地段和较低的地价，是开店成功的关键。

开设新店的选址一事，沃尔顿家族成员总是直接参与，儿子吉姆负责过一段时间，直到现在罗布还亲自参与土地勘察和土地会议。

一旦找到了一个好地方，就立即买下来设店。沃尔顿家族的成员经常亲自动手进行装潢，这种习惯一直延续到现在。

每规划好一个开店计划，山姆就马上召集一些能抽出身的助理经理，共同来筹备新店的开张。像阿尔·迈尔斯至少做过100家左右的新店筹备工作，参与过300多次新店开设计划的拟定工作。

新店开张前必须做好一切准备工作，包括组织好货源，陈列齐货架，筹划到位的广告、雇用和培训员工。

山姆规定在土木工程结束后，所有参与设店的人必须让开店的一切事项就绪，然而常常事与愿违。

据密苏里州的圣罗伯特的第21家沃尔玛商店经理杰克·休梅克回忆："有一次我们接管一家新店，停车场尚未完工，尚未铺路面，也没有划分停车道，甚至没有停车区或其他各种标志。所以，我和商店的经理加里·赖因博思商量，应尽力避免在商店开张时造成混乱的局面。后来，当看到一家快餐店老板的送货车上装满了大油桶时，我们眼睛一亮。经商议，我们以后以优惠价向他供应油品，但他要在开幕当天将油桶借给我们。我们用绳子和旗帜固定在桶上，拉出了一个临时停车场，那时我们就这么干。山姆要我们把事情做好，只要能做成事，用什么办法他都无所谓。因此，我们思维活跃，做事迅速。"

还有一个新店开在阿肯色州靠近40号州际公路的莫里尔顿，以取代原来由可口可乐厂改建而成的老店。费罗尔德·阿伦要求创一次新纪录，在3周内将店开出来。但是由于费罗尔德出了点差错，延误了一周的时间，他们便只有2周的工作时间。在剩下的2周内，费罗尔德率领员工们拼命去做，虽未能如愿，却也在预期开业日不久后开张了。当山姆驱车前来视察时，杰克站在店门口恭候。他看到现场乱七八糟，但却没有露出不悦，因为他知道费罗尔德确实已经尽力了，不愿打击他的积极性。于是他只说："伙计们，商店看上去还不错。"说完开车走了。

费罗尔德·阿伦是山姆早期雇来的分店经理，他卓尔不群，做事极有条理。他会把需要做的一系列事件一一记在纸上，然后有条不紊地去做。他也极度地认真负责，他会反复检查自己交办过的事是否落实。所以山姆经常会将开新店这类事交给费罗尔德来监督办理。

山姆却常不按计划行事，总爱随心所欲。一旦准备就绪，就得立马出发，飞往下一个城市或商店，非得如此。他非常不愿浪费时间去等其他的人，所以山姆只能自己驾机，而找不到合适的飞行员做助手。

第三节　优秀人才战略

> 如果聘用一个缺乏经验和专门技能的人，只要他诚心学习，努力工作，就能用完成任务来弥补缺陷。
>
> ——山姆·沃尔顿

对山姆而言，公司迅速成长是最令他兴奋的时期。世界范围内在零售业史上，还从未有过像沃尔玛这样发展稳定而又迅速的。沃尔玛零售店就好像是俄克拉何马州和得克萨斯州的油井一般是突然冒出来的，源源不绝。

为了企业的发展，山姆找了很多行业人才来帮助扩展业务，当然山姆·沃尔顿也亲自参与其中：如商品交易、房地产、建筑、研究市场竞争、料理财务及账目平衡等。扩张期间，沃尔玛的员工们一天要多工作很多小时，他们对自己的事业取得长足的进步兴奋不已。

1970年，沃尔玛只有32家店铺，销售额为3100万美元；到1974年，商店数量达到78家，销售额突破1亿美元，达1.68亿美元；而发展到1980年，在全国各地开设的沃尔玛商店有276处，总销售额是12亿美元。仅仅10年时间，店铺数量增长了8倍，销售额增长了将近40倍。在销售量增长的同时，利润也成倍增长，从1970年的120万美元增长到1980年的4100万美元。

沃尔玛的成功确实令人叹为观止。人们惊讶它的发展速度和所取得的成就，更无法想象他们能建那么多的分店。其他同行业零售商们也兢兢业业，一年最多能增开3—4家，最多5—6家商店，而沃尔玛一年却要开50家商店。这使他们困惑不解，老是询问山姆："你们到底是怎样办到的呢？这怎么可能呢？"

从理论上看，沃尔玛似乎不可能做到这一切。事实上，他们不只是不断增加人手，而且注意最大限度地发挥员工的力量和才智。

对这一问题，费罗尔德·阿伦认为："最大的问题是人力问题——挑选优秀人才，并在短期内将他们培养出来。我们的机构相当精简，商店里绝无冗员，因此，要求他们把事做得又快又好。回顾我在赫斯特德商店和纽贝里商店时，若想要成为培训部经理，没有10年的工作经验根本不会加以考虑。

在这里，山姆·沃尔顿也用没有实践经验的人，给他们6个月时间在实践中进行训练，如果他认为谁表现良好，具有潜力，善于经营商店和管理下属，那山姆就会给他一次机会当经理助理。他会派他们去协助开设新店，然后才有机会负责经营自己的分店。

费罗尔德·阿伦说："我在想，他们中大多数人不大可能会当经理，但山姆大胆起用新人，并证明了我的看法错了，他最后使我相信，如果聘用一个缺乏经验和专门技能的人，只要他诚心学习，努力工作，就能用完成任务来弥补缺陷。实践证明10次中有9次确是这样，这也是我们能快速发展成长的另一个原因。"

当然，沃尔玛总是尽可能多地发展商品项目，并尽可能地给予各分店以必要的支援。

但在20世纪70年代初，沃尔玛的分店经理们尚需独当一面，自己促销商品，自己解决运货的问题。

现任沃尔玛的执行经理托马斯·杰斐逊，回忆起他当地区经理时说："大多数商店一年中总要举行几次在大街上设摊促销商品的活动。在那些日子里，我们于周末在大街上卖出商品的营业额同平时在店里卖出的一样多。众所周知，我们把部分停车场圈了出来，请来一个乐团助兴，进行促销活动。我们把店里卖的一种橡皮艇放在锯木架上，在每条艇中放上同类商

品。我们还挂起'橡皮艇销售'的招牌，进行趣味促销。如今人们也在大街上进行促销，但都不如我们从前干得那么好。"

在20世纪70年代初期，费罗尔德·阿伦、罗恩·迈那、鲍勃·桑顿和山姆自己都费了很大力气，设法解决向那些新增分店配给商品的问题。这些问题过去常常令他们头痛。在本顿维尔，每当经过仓库时山姆常会问："这货要运到哪家分店？""谁订的货？""我们是否进得太多了？"而与此同时，仓库的伙计也为货物无法及时运来而急得直喊，而总部这边却一无所知。

仓库的员工们认为需要4辆拖车和6个货柜车，山姆认为那太过头了。所以买了2辆拖车和4个货柜车，每当山姆要去仓库时，便有人提前报告了消息，然后他们就把闲置着的拖车和货柜车藏起来，生怕他看到了会不高兴。

公司发展得越快，在某些方面就越落在后面。最突出的问题便是分销，沃尔玛兴建仓库的速度远跟不上分店增设的需要。

后来，分销中心数量够了，如何将货物及时送到分店，却让经理们伤透了脑筋。他们不得不租用外面那些昂贵的仓库，而且还常常满足不了需要。有时在仓库的周围，会有500个货柜同时集中在那里，处理起来很费时间。第二天又运来了60卡车的新货，所有人都得忙着卸货。

常常是分店里急着要货，但非得等上一个多星期才能领到预订的货。这是困扰山姆的一个大问题。所以20世纪70年代中期，山姆聘用了戴维·格拉斯和唐·索德奎斯特。

山姆深知他俩的才干，也知道公司需要各方面的帮助，特别是有关分销的问题。如前所述，罗恩·迈那在分销系统方面成绩斐然，为沃尔玛引进了许多新概念，诸如商品组合、双向装卸及转运等。但公司的分销制度真正走上轨道，是在戴维·格拉斯1976年进了董事会后才完成的。在建立沃尔玛今天仍在使用的高效、复杂的分销系统上戴维比其他人更为周全。

在20世纪70年代中期，戴维加入公司之前，除了罗恩和费罗尔德帮山姆经营这家公司之外，杰克·休梅克也是他的得力助手，他在开设新店方面功勋卓著。他一度是"克罗格超市"的经理，经营方式与今天的所谓超市不同，他们把杂货和一般商品结合起来。

作为零售业商人，在山姆雇用他时，他还不够老练，但山姆发现他有很大的可塑性。他是山姆雇用的第一批大学生中的一名，作为佐治亚技术学院的毕业生，作为一个工程师，他对系统及组织十分热爱，这正是山姆所迫切需要的。

直到现在，沃尔玛聚集着许多人才，各有所长，可以弥补沃尔顿家族内部才能的不足。山姆·沃尔顿说："由于他们的努力，公司的增长势头才得以保持。如果没有他们的鼎力相助，也许我们早在70年代就被市场淘汰了，根本无法在80年代取得如此辉煌的发展成果。"尽早建立制度为分销中心的发展打下基础，并成立店铺资料处理系统，这为后来的成功铺平道路。

沃尔玛的制度设计者杰克·休梅克对沃尔玛的发展做出很重要的贡献。他在写政策方面颇有经验，曾在明尼阿波利斯市为克罗格和大陆五金商店执过笔。所以山姆希望杰克能到沃尔玛公司上班，为公司制订一些政策和程序。

但是，杰克说："我想做一个生意人。"山姆说："没问题，但我们还是想先让你写那东西。你写那东西要多久？"凭杰克的经验，要花半年到一年，但他说："90天内完成。"山姆的回答是："给你60天时间。"他从不愿等待，缺乏耐心，急于行动。后来，杰克在59天内出版了一本360页的书。

杰克可能是沃尔玛公司高级领导层中最有争议的人物，但他在建立公司制度方面贡献突出，同时也是一位成功的商人。

公司制度和计算机系统进入了商店，店铺开始电脑化。以前，所有商店都使用老式的5号收银机，需要手工操作，工作效率很低。罗恩说服山姆为各店购买胜家收银机。要长期从事商业活动，没这玩意是不可想象的。唯一的问题是，该收银机经常出差错。当时只有阿尔·迈尔斯是唯一知道如何操作这种收银机的经理。不过这个问题后来得到了解决。

进入70年代后，沃尔玛已成为一个真正的有效益的零售实体，并为日后的腾飞打下了扎实的基础。奇怪的是，它的竞争对手竟没能赶上来，也没能设法制止沃尔玛的飞速发展。

不论什么时候，在一个城镇里设一家沃尔玛商店，顾客们就会从其他商店蜂拥而至。对手们很快就会明白，如果要同沃尔玛抗衡，就得研究和学习沃尔玛的经营方式。终于，他们大多也都转换成折价销售的形式。库恩的大K连锁店成了折价连锁店；斯特林也改成了马吉克市场折价连锁店；达克沃尔店也开始折价了。

结果，这些折价连锁店的分销中心和经营系统大多已经就位，而沃尔玛公司还处在纸上谈兵的阶段。从表面上看沃尔玛并没有成功的把握。但问题是那些打着折价旗号的大商店并没有真的折价。他们很难抛弃过去的经营模式，已习惯了45％的利润，绝不会轻易改变。要他们把一件卖8美元的罩衫卖到5美元是很困难的，那只有30％的利润。由于沃尔玛的低成本、低费用结构和低价格，终于打下了一片江山，结束了杂货店的时代。

第四节　雷厉风行的引路人

> 我不是一个做事有条理的人，我觉得如果按部就班地做事会降低办事效率。
>
> ——山姆·沃尔顿

山姆·沃尔顿酷爱飞行。在天空中摸索着前进，判断天气变化，操作飞机上的各种机械，独立做这一切事情，是一种挑战。山姆特别喜欢这种随心所欲的工作方式，想去哪儿就去哪儿，想什么时候动身，便立刻就走。

山姆的大部分时间都在视察和奔波，他需要时刻了解各个分店是否在做该做的事。山姆给所有的经理分配了任务，并要求他们亲自下商店检查工作。

山姆将商店的日常管理责任完全下放给他的经理们。山姆相信这些经理能做好他安排的一切工作，而且他们也都能基本按山姆的要求甚至更加完美地完成了任务。如前面提到的费罗尔德·阿伦和罗恩·迈耶，以及后来的杰克·休梅克，还有戴维·格拉斯和唐·索德奎斯特。这些人才都是山姆精心挑选的业内优秀人才，然后赋予他们最大的权限和责任。

现在的山姆已不是大事小事都要亲自参与的初级管理者，他的主要工作是巡视和提议。巡视中山姆会关心店里大小事，但他让经理们自己决定事情。倘若他们有错，山姆才会提出批评和建议。

山姆对数字感兴趣，几乎过目不忘。每周六早上用3个小时左右的时间阅读每家分店的统计资料以及各项统计数字。山姆会从这些统计表上看出每家分店的经营情况。也许很长时间不到那家分店去了，只要略微提醒一下，诸如经理是谁，他便可以记起他们本周的经营状况和工资开销等等。

山姆认为自己不是一个做事有条理的人，他觉得如果按部就班地做事会降低他的办事效率。山姆会尽力去做预先设计好的事或去想要去的地方，但他不一定会按照预先设计好的步骤或方式去做。这种行事风格让他的秘书吃尽了苦头。

给山姆做了25年秘书的洛雷塔·博斯说：

"他总爱这样，脑子转得比别人快十倍。他行动迅速，想到什么就去做什么——不论有无其他已计划好的事要等着做，他总是先做自己想到的事。但每个人都有预定的计划，往往发生冲突。每当发生这样的事，山姆只好召开会议进行协商。

在头几年，这引起了许多尴尬的局面。我给他安排好了要会见的人，到时候他却完全抛在脑后。

我们有两本台历，一本在他桌上，另一本在我这里，但完全徒劳，于事无补。我安排好从达拉斯飞来的人与他会面，可当我早上8点来到公司接待他时，竟发现山姆已于5点钟就离开了公司，没人知道他的去向。我只得对那些人说：'他走了。'

如此几次后，我对山姆说：'我没办法再为你安排约会时间了。'他回答说：'那最好不过了。'于是由他自己安排与别人见面的时间，但他总是约了又忘，还得由我来收拾残局。我为他工作了25年仍做不好这件事，我想别的什么人恐怕也难以办到。

除了周六早上的查阅统计报表和主持例会外，我没有其他更多的例行公事。在旅行中我总是随身带一只小录音机，录下我和同事们谈话时产生的想法。我通常也随身带着那本黄色笔记本，上面记着公司要做的10至15件事，这些事常常使得我们公司的一些经理们大伤脑筋，但这一做法也是我对公司做出贡献的一个重要方面。"

山姆的另一位秘书戴维·格拉斯抱怨道：

"当山姆一旦决定做某件事时，就绝不手软。他甚至会耗尽你的精力。他提出一个想法，大家讨论之后可能觉得这样做为时尚早——或者根本不可能去做，好像事情已解决了。但是如果他确信自己的想法是对的，那么过几天这个想法他还会反复地提出来，让我们反复地讨论。一个星期接着一个星期，没完没了，直到最后每个人都觉得与其和他争辩，还不如直接去做那件事要容易得多了，于是大家只好同意。我认为这是一种耗尽精力的管理方式。"

山姆经常凌晨4点半就已在办公室了，这是他保持工作进度的方式，即便周六不阅读报表的话也是如此。在这段时间里，山姆可以在不受干扰的情况下进行思考和计划，也可用这段时间为公司报纸《沃尔玛世界》撰写文章。

沃尔玛副总裁A·L·约翰逊曾这样评价山姆·沃尔顿："山姆的一个伟大力量在于他的独创性，他只属于他自己，独立思考。因此，他从不是橡皮图章式的主管，也从不随声附和任何人或任何事。回顾创业之初，我当商品部经理时，计算机还没有普及。6年来每个周五早上，我都拿着账本到山姆办公室请他过目，每当我浏览这些账目时，山姆就把它们草草地记在自己的本子上，亲自再核算一遍。我并不觉得是他不相信我，他只是认为自己有责任把每件事都搞对。有时，我们算出来的数字有出入，会为各自的结论争论，所有这一切都有助于我保持机敏。我知道，就这样踏进他的办公室，把账本往他面前一放，盼望他接受你交过去的一切，这是不可能的。"

山姆以善于鼓动人心而著称，他也同样善于检查别人是否按他希望的那样去做了。有人称他的管理风格为"背后检查式"的管理。

山姆的贴身秘书都猜不出他下一个计划会是什么，下个月沃尔玛会是什么样子。他只知道沃尔玛正在发展，而且取得了成功。大家对已取得的成就感到满意，并认为可以沿着这条成功之路继续发展下去。

Sam Walton

第九章　内部管理秘诀

Sam Walton

第一节　建立内部合伙关系

> 越与员工共享利润，流进公司的利润就
> 越多。
>
> ——山姆·沃尔顿

让沃尔玛短期走上事业高峰的，不只源于低价交易、分销中心的建立、电脑技术的应用和市场饱和策略以及房地产战略等对外先进的经营理念，还有企业内部管理制度与激励机制的成熟与高效。

广播评论员保罗·哈维这样评价沃尔玛：这里所创立的是比共产主义、社会主义，甚至比资本主义更好的东西。我喜欢称之为"开明的消费者主义"，在这儿所有人都在群体中一起工作，而顾客又是最终的上帝。

沃尔玛公司飞速发展的真正源泉在于管理者同员工的良好关系，包括在商店和分销中心做事以及从事运输的外部雇员等所有员工。在沃尔玛工作，他们通常要付出艰辛的劳动，普通员工都按时计酬。公司与员工的关系是真正意义上的合伙关系，这是沃尔玛公司能够在竞争中获胜的主要原因。

创业之初，山姆·沃尔顿就把合伙关系写进了公司计划。公司内部建立合伙关系的思想得益于海伦父亲的家庭管理

理念。山姆觉得在公司内部建立合伙关系将会是一种行之有效的民主管理方式，能最大程度地调动参与者的积极性。

山姆希望建立一家大型的零售公司，让所有雇员都享有公司的股份，并有机会参与决定公司赢利能力的许多决策。他还希望付给自己雇员的薪金，比其他同行都高，对所有人平等相待。但这一点在当时只能停留在理想中，并没有付诸实践。

开始时，山姆给雇员支付的薪水确实是很低的。他只按时付给他们工资，而那点工钱在当时仅够勉强糊口而已。不过那个时代，零售业员工的收入水平普遍偏低。

当然经理们并不是按时计酬，从大量扩展分支商店开始，山姆与商店经理一直是合作关系，他们从一开始就能分享所经营商店的利润。

最早为山姆服务的经理人之一查利·鲍姆记得有这样一件事，让他感到当时给普通员工的工资确实很低。那是1955年5月，查利刚刚接管费耶特维尔的商店时，山姆仅付给女员工们每小时50美分。支付完第一笔薪水之后，查利觉得"这实在太荒唐了"。于是，第二个星期他把工资提高到每小时75美分。随后他便接到了山姆打来的电话说："查利，我们不能每小时增加25美分，只能增加5美分。"

但查利并没有那样做，仍让那些女员工拿75美分，因为他自认为她们所做的工作的确值那么多。令人满意的是那些日子里查利店的销售额非常高，赚了不少钱。

对这样的小事山姆并不记得发生过，但回忆起那时的情况，山姆相信查利说的是真的。

当时，所有的员工都获利很少。因为在早期岁月中，山姆竞争欲望太强烈，太想把事情做好了，以致对这些最基本的事视而不见。当时山姆一心专注于获得6％或者更高的利润率，以致忽视了员工的基本需求，为此他感到非常抱歉，所以在公司上市后，员工们的收入有了很大改观。

在零售业中，不管你把工资置于什么地位，它在一般管理费用中总是最重要的部分之一，而一般管理费的控制是保持利润率的关键之一。从古至今一直如此。

然而那时的山姆还没有意识到一个更大的事实：从表面上看开销越低赚的就越多，而事实是：越与员工共享利润（不管是以工资、奖金、红利、或股票折让方式），流进公司的利润就越多。

为什么呢？因为员工们会不折不扣地以管理层对待他们的方式来对待顾客。如果员工们能够善待顾客，顾客们就会不断地去而复返，而这正是该行业利润的真正源泉。仅靠把新顾客拉进商店，做一笔生意算一笔，或不惜工本大做广告是达不到这种效果的。

顾客称心满意，反复光临，是沃尔玛公司惊人利润率的关键，而那些顾客之所以对沃尔玛忠诚，是因为这里的员工比其他商店的售货员待他们更好。所以，在沃尔玛公司的整体规划中，建立商店员工与顾客的良好关系被视为最为重要的部分。

这一原理，在很长一段时间内山姆都没有意识到。直到1970年沃尔玛公司公开发行股票时，山姆最初的利润分享计划也只包括经理人员，而没有扩大到所有员工。

当然，在那个年代，经济领域也没有那样的管理观念，更没有人宣传这种观点。而山姆自己却是由于太担心负债状况，也太急于让公司迅速扩展，所以没来得及考虑员工的利益。

分享利润和其他利益的想法在沃尔玛公开发行股票以前就产生了，但那不是山姆，而是海伦想出来的。

海伦·沃尔顿："在一次开车旅行途中，我们谈论起山姆的高额薪水，以及他为留住自己公司的高级管理人员而付出的金钱和其他代价。他解释说，商店的员工与这些好处毫不相干，而我则第一次意识到公司为他们做的实在是太少了。我向他建议说，对这些人应当一视同仁，否则高级管理人员也不太可能长久留下。

这件事我记得很清楚，因为他那时并不完全同意我的观点。后来，我敢断定他考虑了这个问题，而当他接受我的建议时，他的确是心口如一的。"

后来，是公司与零售职员工会，以及建筑工地的建筑工会，分销中心的司机、仓库工人、雇工兄弟会等其他一些工会的冲突，迫使山姆加快思考了这一问题。

事实上，一旦山姆尝试把员工当作合伙人，就很快发现，这有助于公司进一步发挥在生意上的巨大潜力。而且，员工们也很快发现，随着公司状况的改善，他们的收入也在提高。

关于工会，山姆一直认为沃尔玛公司不需要工会。他知道工会的存在是因为员工们需要有人来作他们的代表。但从历史上看，随着工会的发展，它基本上只是在制造不和与分裂。

它们使管理层和雇员相互对峙和敌视，自己则扮演中间人的角色，仰仗着两大阵营的对立，几乎成了一个独立的机构。而对立则破坏了直接的沟通，减弱了企业关照顾客、加强竞争和夺取市场份额的能力。

沃尔玛公司中实行合伙关系，包括利润分享、奖金、股票折买计划。公司真正让员工参与进来，使大家团结成一个整体，这对劳公双方来说，比有工会干预的情况好得多。

而从长远来看，由于员工信任公司，并一直推动它沿着正确的方向发展，员工也从收入有所增加及其他方面获得了好处。双方的合作使沃尔玛的事业如日中天。

另一方面，山姆认为公司内部关系遇到麻烦，或需要工会插足公司事务时，原因都在于管理层的失误，在于没有倾听员工们的心声，或者亏待了他们。这种情况的发生与一线管理人员的工作有直接关系，诸如某些管理人员干了蠢事，或没有做应该做的好事。在克林顿和梅西科镇就遇到这样的问题。公司经理不虚心听取意见，对下属缺乏应有的宽宏大量，不与员工沟通，结果员工们就闹起来了。

后来，山姆雇了一位名叫约翰·泰特的劳工问题律师，他打赢了许多场这类官司。最后他也加入了沃尔玛公司。约翰的忠告促使山姆下定决心改变沃尔玛的劳资关系：要关心员工，善待他们，让员工参与进来，那样就不必把所有时间和金钱都花在雇用劳工问题律师上以对付工会了。

在发生了那些对抗后，约翰帮山姆·沃尔顿在密苏里州的一个旅游胜地组织了一次管理层的研讨会。之后不久沃尔玛便推出了一个名叫"我们关心"的计划，目的是使员工们明白，当他们遇到问题时，希望他们来见管理层，给公司一个解决问题的机会。

"我们关心"的计划想要传达如下信息："是的，我们公司没有工会，但正因为如此，我们才变得更强大。而且，因为你是我们的合伙人，所以我们的门为你敞开，我们愿意洗耳恭听，我们能一起解决自己的问题。"

也许此时工会会自以为是地鼓动员工们说："喂，我们能让你们每小时增加3美元工钱，为什么不罢工呢？"其实那于事无补，只能平添许多不必要的矛盾，更不利于公司的稳定发展。

关于为什么把雇员称为"合伙人"，有许多争论，但每个人都很赞许。那时詹姆斯·卡什·彭尼就曾把他的计时雇员称为"合伙人"，山姆也一直有这个想法。而将其在沃尔玛公司付诸实践的念头则产生于在英格兰的一次旅行中。

那时山姆一家正在英格兰度假，到那儿是为了看温布尔登网球赛。一天，他们正在伦敦的一条街上散步，而山姆在一家商店门前停了下来，他在端详一家大型折价商店。当他在这家英国零售商店门前驻足时说道："瞧那块招牌写得多棒，我们也该这么做。"

那是J·M·刘易斯合伙公司。它的招牌上列着所有员工的姓名，管理者与这些员工之间有一种合伙关系。

同公司的所有员工建立合伙关系，这一想法的确令山姆激动不已。一回到家，他们便开始把商店员工称为"合伙人"，而不是雇员。沃尔玛当时的这个决策，即尽量给员工以更平等的对待，毫无疑问是沃尔玛公司所作的最明智的举动。

第二节 利润分享计划

> 我离开公司时从利润分享计划中得到20万美元，并把这些钱作了很好的投资。我们经常外出旅行，还买了辆新车，而剩下的钱仍比最初时还多。
>
> ——一位沃尔玛普通员工

山姆纠正了劳资关系的观念后，便开始采取实际行动，不只是口头上的称呼改变，利益分配也实施了一系列改变。他开始实施一项让所有员工都参与的"利润分享计划"。直到现在这也是令沃尔玛引以为豪的一个举动。

利润分享计划在很大程度上是保证沃尔玛公司继续前进的诱因。每一个在沃尔玛呆了一年以上，以及每年至少工作1000小时的员工都有资格分享。

运用一个与利润增长相关的公式，沃尔玛把每个够格的员工工资的1%归入他或她的计划，员工们离开公司时可取走这个份额，或以现金方式，或以沃尔玛公司股票方式。这个计划并没有什么特别之处，但它是山姆颇为自豪的杰作。

公司将平均工资的6%归入这一计划。例如，某年沃尔玛公司的利润分享额度为1.25亿美元。利润分享计划的管理者（包括一个员工委员会），每年都选择沃尔玛公司股票为该计划的主要投资对象，从而使该计划得到了令人难以置信的发展，也使许多员工个人账户的存款数额大增。到20世纪末，沃尔玛公司的利润分享数额已经约有18亿美元——这些都是属于公司"合伙人"的权益。

阿肯色州本顿维尔的沃尔玛商店卡车司机鲍勃·克拉克说："我1972年开始为沃尔顿先生工作，当时他只有16辆拖拉机。第一个月，我去参加司机安全培训，而他总要去那儿看看。我们那儿约有15个人，而我永远不会忘记他所说的话：'如果你跟我20年，我保证你将从利润分享计划中得到10万美元。这是笔好交易，鲍勃，你在生活中永远不会看到那么多钱。'那时我一直担心自己到底能挣多少，上回我查了一下，我的利润分享数额已达70.7万美元，而依我看它没有任何理由不再增长。这些年我买进和卖出股票，用赚来的钱添置了家具，还买了许多其他东西。当别人询问我对沃尔玛公司的看法时，我告诉他们，我为另一家众所周知的大公司开了13年车，结果离开时只拿到700美元。然后，我告诉他们我的利润分享计划并问他们：'你们认为我对沃尔玛公司会怎么看？'"

一位退休员工乔治亚·桑德斯说："1968年4月，我开始担任照相器材、电子产品和小家电部门的负责人。刚开始时，我每小时最低挣1.65美元。当我1989年退休时，我一小时能挣8.25美元。我离开公司时从利润分享计划中得到20万美元，并把这些钱作了很好的投资。我们经常外出旅行，还买了辆新车，而剩下的钱仍比最初时还多。我买进和卖出了一些沃尔玛公司的股票，股票还被拆股了好多次。我用其中的一部分钱为母亲买了幢房子。我觉得为沃尔玛公司工作真是太棒了。"

在阿肯色州斯普林代尔的沃尔玛54号分店做地区教员的乔伊斯·麦克默里说："我的生活全靠沃尔玛公司。山姆总是给予员工那么多，我也想尽可能地作出回报。15年来他私下里一直对我很照顾。我把自己的大多数钱用来买股票，也包括从公司以外买进一些。我的利润分享部分的增长是你难以想象的。到今年我的利润分享数额为47.5万美元。我原打算拿了我的钱退休的。但我才40岁，于是我决定再在这儿干一阵。我拿不定主意该怎么花这笔钱。这笔钱当然是用于退休的，但我想还可以买架钢琴，或许有一天还可以造一栋我们梦寐以求的房子。但目前我还得把这些股票藏很长一段时间。"

总部员工琼·凯利，负责处理货物索赔，他说："我在密苏里州梅西科镇的一家农场长大，20岁时进了当地的沃尔玛25号分店工作。当我来到本顿维尔时，运输部门只有9个人，而现在我们有61个人。我哥哥一开始就试图说服我辞去工作，他说我在沃尔玛公司以外的任何地方每小时都能挣更多的钱。然而，1981年我的利润分享数字是8000美元，而1991年这个数字是22.8万美元。我对哥哥说，如果他找到任何别的能挣这么多钱的地方，我马上换工作。如果你忠于这家公司，你的忠诚所获得的报酬将是惊人的。我很高兴自己能这么忠心耿耿。我挣的钱可以供女儿阿什莉上大学。"

这些都是沃尔玛合伙人中的一部分，他们与沃尔玛团结在一起度过了很长一段艰苦岁月。大约在利润分享计划开展的同时，沃尔玛还实施了许多其他财务合作规划。

例如，沃尔玛有一个雇员购股计划。是让员工通过工资扣除的方式，以低于市值15%的价格购买公司股票。现在80%以上的员工或借助利润分享计划，或直接地拥有沃尔玛公司股票。而其他20%的员工要么是还不够资格参与利润分享，要么是进公司的时间尚不够长。这些年来，为使每个员工都像合伙人那样参与公司业务，沃尔玛还推行了许多奖励和奖金计划。

第三节　损耗奖励计划

你必须给予同仁责任，信任他们，然后才是检查他们。

——山姆·沃尔顿

沃尔玛的合伙原则里除了利润分享原则，还有一项被称之为"损耗奖励计划"。也就是让公司的每位合伙人，既懂得好好工作以获得更多利润，也要珍惜公司的每一份财产，使之合理利用。

损耗，也就是指下落不明的存货损失，换句话说就是偷窃，这一行为是零售业赢利的大敌之一。因此沃尔玛作出决定，控制损耗的最佳途径是与员工们共享公司因减少损耗而获得的赢利。

如果某家分店将损耗维持在公司的目标以内，该店每个员工都可获得奖金，最多可达200美元。虽然这有点儿竞争的味道，但这一决定使沃尔玛的损耗率控制在该行业平均水平的一半。

不仅如此，损耗奖励计划还促使员工们彼此之间增加了信任感。大多数人并不喜欢当梁上君子，即使在有机可乘时也是如此；而且多数员工也不愿意与有小偷小摸习惯的人共事。所以在类似损耗奖励计划下，人们因诚实而直接获得报酬，便会产生真正的动力去认真地防止顾客中发生顺手牵羊的事件，并防止任何同事落入这一陷阱。

商店里工作的所有员工齐心协力地防止损耗发生，结果就是他们以及他们所在的拥有股份的公司都得到了好处。

听起来这一计划很简单，而且这些理论也的确是最基本的，然而，实施起来并不那么容易，除非管理者懂得员工对于这个计划的重要性，并在管理中不折不扣地加以实现。

任何理论都不能让合伙关系真正实现，口头许诺也不能赢得真正的合作，甚至连分享利润也难以做到。不少公司也提供各式各样的利润分享计划，但他们却几乎无法赢得员工的合作，因为他们并不真正相信员工们的重要性，也不愿对员工加以引导。

零售业中的管理者所面临的真正挑战是如何成为所谓的雇员领袖。一旦能做到这一点，这支队伍，即管理者及其员工，便会无坚不摧。

多年来人们一直预言，一旦面临真正城市环境的严峻挑战，沃尔玛公司的这一套就会行不通。因为，在那里到处是被失败阴影笼罩的贫困者街区，我们的方法是徒劳的。沃尔玛方式不适用于那些有偷盗前科，以及对其生活缺乏信心的人。

在得克萨斯州欧文镇的880号沃尔玛分店里，该店的员工都很年轻，各色人种都有，顾客的情况也一样。那里的经理对其下属和顾客的管理非常糟糕。在他看来，这里的白人、黑人和墨西哥人既年轻又贫困，他们随时都可能去偷，对此管理者无能为力。这个店是沃尔玛所有分店中损耗率最高的一个，达到6%，该店每年损失50万美元以上，山姆觉得应该把它关闭了。

但有一位名叫埃德·纳吉的地区经理，他来到那家商店，与经理谈了一次，然后他开始重新训练各部门的头头，为这些人设立了一些现实的目标。他在谈话中不断鼓励他们，解释沃尔玛公司与众不同之处，指出其他公司不成功的原因在于没有让员工参与进来。

埃德·纳吉发现，该店员工偷盗成风，而且对顾客的顺手牵羊行为也视而不见，因为没人制定任何规章制度来限制这些行为。顾客退货没人检查，分期付款也无人清查，甚至没人检查收银机。如果你想偷东西，那随便拿吧，肯定不会被逮住。于是，埃德·纳吉开始加强对上述事务的管理，开始谈论团结一致，以及怎样提高销售额。

不到一年半的时间，这家商店就焕然一新了。损耗率降到

和创造世界名牌的人

一起放飞梦想

Let the dream fly

2%，商店开始扭亏为盈。当山姆两次到那儿视察时，感到这是他40年来视察过的近2000家商店中最令人骄傲的商店之一。糟糕透顶的状况由于一位处事果断、想法得当者的积极干预而得以改观，这真不可思议。

为什么局面会改观呢？纳吉作为地区经理，把各部门经理们带离那家商店，带离那种失败的环境，让他们与他管区内取得成功的商店经理们并肩工作。

他们每个周末都召开会议，讨论各自部门的状况，纳吉让这些人也参加会议。然后，他让他们设置自己的目标。也许，就在他们与其他商店的胜利者共进午餐时，他们也开始设想和斟酌如何改进自己部门的一团糟状况。

他和其他商店的经理们与这些人谈论定量指标，并向他们显示其工作和决策与这些数字的相关性，从而使他们关心自己的销售额是否上升，不再敷衍了事地对待本职工作。他们开始学习真正的商品交易。

更重要的是，埃德·纳吉对他们加强了管理监督，以杜绝偷窃行为。他们开始检查每个扔出商店后门的空盒子。有一天，他们发现了一只装婴儿车的大箱子，里面藏着价值400美元的磁带，他们抓住了偷窃者。于是，第二天早上开会，经理表扬了发现盒子和抓住小偷的职员，她成了英雄。每个人都对她报以热烈掌声。在短短半年内，整个风气都扭转了。

早先经营杂货店时山姆就领悟到这一点：你必须给予同仁责任，信任他们，然后才是检查他们。

的确，沃尔玛的方法在城市里会面临更多困难，住在衣阿华州和密西西比州小镇的人，可能比休斯敦、达拉斯或圣路易斯人更愿意为沃尔玛支付的低薪水工作，也比大城市的人更容易接受他们的想法。

但是，山姆相信一个善于鼓励和发挥他人聪明才智的好经理，在和任何地方的人打交道时都能有效地运用局外人所称的"沃尔玛魔法"。任何地方的人最终都不会对沃尔玛使用的激励技巧无动于衷——如果他们被正确对待，并得到适当的培训机会；如果你能对他们友善、公正而又严格，最终他们都会视你为自己人。

第四节　与员工分享信息、分担责任

> 如果管理者真正致力于把买卖商品并获得利润的激情灌输给每一位员工和合伙人，那么我们就拥有势不可当的力量。
>
> ——山姆·沃尔顿

此外，沃尔玛公司之所以大获成功，不仅仅是因为乡村的人们天性纯朴友好，可以成为很好的零售店雇员，而且也在于沃尔玛公司花了许多时间教他们克服天生的差怯，学会大声说话和帮助顾客，像其他任何人一样学习零售业务。

构成沃尔玛合伙关系的另一个重要内容是，所有员工共同掌握公司的业务指标。这是让员工最大限度地干好其工作的唯一途径。

对分享利润重要性的认识山姆有些迟钝，但是将业务运转完全公开，授予员工参与权的点子，沃尔玛是全行业中最早实行的，而且至今仍远远领先于所有同行。

山姆总是告诉商店员工业务指标的情况。但在决定实行合伙关系后，沃尔玛把分享信息的做法更推进了一步。

分享信息和分担责任是合伙关系的核心。它使人产生责任感和参与感，而随着公司规模的扩大，与员工共同掌握许多指标是恪守沃尔玛经营原则的结果。每件关于沃尔玛的事都被公开。

在各个商店里，公布该店的利润、进货、销售和减价情况。沃尔玛定期这么做，并且不只是向经理及其助理们公布，向每个商店的员工、计时工以及兼职雇员公布各种信息。

显然，部分信息也会流传到公司外面。但山姆相信与员工分享信息的好处远大于信息泄露给外人可能带来的副作用。至少到目前为止，它看来并没有构成损害。最近获悉，沃尔玛的一贯做法成为当今企业界最流行的趋势之一：分享信息，而不是隐藏信息。

当山姆视察一家商店，看到某个部门经理自豪地向他汇报他们的各个指标情况，并告诉山姆，他们的销售业绩和下一个奋斗目标时，这让山姆非常欣慰。

山姆·沃尔顿喜欢与商店经理们会面。当他们指给他看货架上堆满的炭笔、婴儿润肤油或午餐盒，并告诉他之所以选择

这些品种是因为它们有很高的利润率，并进而夸耀说这些品种的销量有多么大时，山姆内心真为他们感到骄傲。

如果管理者真正致力于把买卖商品并获得利润的激情灌输给每一位员工和合伙人，那么这个企业就拥有势不可当的力量。

第五节　独特的公司文化

沃尔玛倡导所谓"工作时吹口哨"的哲学。

——山姆·沃尔顿

"山姆在公司中所建立的沃尔顿文化是一切成功的关键，是无与伦比的。他是本世纪最伟大的商人。"哈里·坎宁安说，他任克雷斯吉公司总裁时建立了凯马特商店。

在周六早晨7：30聚集几百个管理人员、经理和员工来讨论业务，这么做的公司不太多。以董事长带头呼叫鼓劲的口号来开始会议的公司就更罕见了。但那是山姆最喜欢用的叫醒别人的方式之一。然后一边做阿肯色州大学的拉拉队队操，一边口号声此起彼伏，只有身临其境才能感受到那种气氛和效果。山姆提高嗓音带领大家一起喊：

嗬、嗬、嗬，起来吧，猪猡们！

嗬、嗬、嗬……！

在巡视商店时，山姆与员工喊的是另一种沃尔玛口号：

一个沃！

一个尔！

一个玛！

那是什么？

沃尔玛！

谁是上帝？

顾客！

当布什总统夫妇来到本顿维尔为山姆·沃尔顿颁发"自由勋章"时，参加典礼的员工们就自发地用这样的口号向总统夫妇致意。当时令全场人大吃一惊，也为之感动。

多数公司没有口号，假如有，几乎没有哪个董事长会带头呼喊。而且，一般公司也没有称为"卡车司机合唱团"的福音乐团，以及称为"吉米·沃克和会计师"的管理人员合唱团。

山姆觉得，正因为工作非常辛苦，人们不必整天绷着脸，一副表情严肃、心事重重的样子。在沃尔玛公司，如果有重要的业务问题，可以在星期五早上的商品会议，或者在星期六早上的会议中公开提出来，以便大家集思广益，一起来解决。但在开这样的会议时，气氛是轻松愉快的。这就是所谓"工作时吹口哨"的哲学，这么做不仅令人愉快，而且大家工作也因此干得更好。

沃尔玛文化创造了活力和激情。它之所以能牢牢吸引同仁们的注意力和兴趣，正是因为对方从不知道即将发生什么事。在沃尔玛人们打破障碍，使彼此的交流更加融洽，使大家感到

自己是一个大家庭的一部分，在这儿没有谁高人一等，或者因为有带头喊口号的权利而自鸣得意，或者是被嘲笑的对象。

这种企业文化并非山姆发明，而是他在其他公司看到的，觉得是个好主意就在自己的公司也实行开来。从文化的角度看，很多事情是不相同的，但是能激励某个群体的东西一般也能激励另一个群体。

1984年，山姆打赌输给了戴维·格拉斯，按照打赌规定，他得穿上草裙在华尔街上跳草裙舞。原料想在山姆跳舞的时候，戴维准会在一旁拍下录像，然后在星期六早晨的会议上向所有人证明他没有食言。但当他到那儿时，却发现戴维雇来了一卡车真的草裙舞演员和四弦琴演奏者，而且他还通知了报界和电视网。但是警察不许他们在街上跳舞。最后，他们获得美林证券公司老板的允许，在他公司的台阶上跳舞。

山姆穿着草裙和夏威夷衫，戴着花环，跳起了自认为还不算蹩脚的草裙舞。这幅画面太奇特了。一位来自阿肯色州的疯疯癫癫的董事长，穿着一身滑稽的装束在华尔街跳草裙舞的消息一夜之间传遍了各地。

也许有人会认为，沃尔玛有一个行事癫狂的董事长，喜欢玩弄一些粗俗的宣传噱头。但是他们不知道，这类事在沃尔玛公司寻常得很。它是公司文化的一部分，已融入公司的一切事物中。

不管是星期六早晨的会议，或股东大会，或商店开业典礼，或平常的日子，沃尔玛公司总是尽量使生活变得意趣盎然，使公司成为快乐之地。鼓励员工想出各种新点子来打破陈

148

规陋习，吸引同仁或服务顾客也是公司合伙关系的核心价值之一。

当人们聚在一起干这类蠢事时，它对于鼓舞他们士气的作用的确匪夷所思。山姆认为没有理由不让自己快乐起来，让那些妄自尊大、自命不凡的人见鬼去吧，他们那是自作自受。以星期六早晨的会议为例，如果没有那些娱乐和出人意料的事，怎么可能让那几百个人每个星期六早晨起来，笑容满面地来参加会议呢？如果他们得知，会上将有人单调冗长地报一些比较的数据，然后是一个关于业务问题的严肃的讲话，还能使会议气氛活跃吗？如果那样，不论管理者觉得会议有多么重要，但大家都会觉得讨厌，即使召开了也毫无益处。事实上，星期六早晨的会议正是沃尔玛文化的核心。

他们并不只是为了找乐才一大早起来，星期六早晨的会议是与业务密切相关的，它是沃尔玛总部经理和员工们探讨和辩论经营思想和管理战略的地方：这是所有努力和行动的焦点，这也是吸收各方面建议的地方。

谈到星期六的晨会，阿尔·迈尔斯说：

"星期六早晨的会议最吸引人之处就在于你完全不知道将发生什么。有时候会让人觉得无地自容，我是指有些人没有做好工作，虽然他们不会当众受到责罚，但却会受到温和的批评，或者得到某种形式的忠告。我永远不会忘记，有一次董事长当着所有人的面对我说的话。他说，'你应当停下来把要说的话想一想，然后再发言'。他对我的批评是对的，因为我当时尖刻地控告了公司的另一个部门，而在那样的场合我这么做

是不妥当的。我接受了忠告，从此开始注意自己的措辞。

还有一次，董事长决定让我在三周后的会议上站在众人面前唱歌曲"红河谷"。他知道我连一个音也唱不准，但他却很重视此事，每个星期都要提醒我。最后，我不得不拉了一帮人来演唱，以便没人能发现我在滥竽充数。

我想，他是故意强迫我当着众人的面做我力不能及的事，以便提醒我为人应当谦虚、谨慎。总之，我觉得这些会议组织得非常有趣，我想董事长对此是经过周密考虑的。他知道什么时候让它严肃些，什么时候让它活泼些。有时会议很民主，有时又显得很专制。但他的基本目的有三个：交流信息，减轻每个人的负担，团结队伍。不管你信不信，我们大多数人从不因任何理由错过星期六早晨的会议。"

为使会议卓有成效，必须使它带有一些类似演出的特性。山姆·沃尔顿总是让它带有不可预知性。有时可能会做做健美操，有时会唱歌，或者喊喊拉拉队口号。他没有把一切都计划好，希望顺其自然。

和创造世界名牌的人

一起放飞梦想

Let the dream fly

第六节 不吝惜任何鼓舞和赞扬

> 没有什么比让某人知道，你多么感激他的工作，能更好地促使他以正确的方法行事了。
>
> ——山姆·沃尔顿

一家日用品公司董事长伯尼·马库斯对于山姆的合伙人计划以及管理方式给予了很高评价："由于山姆和沃尔玛公司的待人方式，我们与之关系特别密切。他能给人带来巨大的精神鼓舞，当然，物质刺激也起了相当大的作用。模仿山姆的做法，我们制定了自己的雇员股份计划，其效果也相当不错。我们参观了他拥有近40万员工的公司，不管你走到哪儿，他们都面带微笑。他证明人是可以被激励的，他是第一个攀上顶峰的人。但如果你问山姆经营状况如何，他却从不感到满意。他说：'伯尼，情况真的很糟。我们收银机前排的队伍太长，我们的人对顾客的帮助还不够。我不知道该怎样进一步激励他们。'而如果你询问某些濒临倒闭的零售组织的总裁时，他们却会向你吹牛说生意有多兴隆。真会打肿脸充胖子！但山姆却绝不会这样，他是个脚踏实地、头脑清醒的人。山姆无疑是最优秀的商人之一。"

和创造世界名牌的人

一起放飞梦想

Let the dream fly

为激励员工们不断取得最佳的工作业绩，山姆在沃尔玛公司设想出许多不同的计划和方法。但如果离开了最简单却又是最核心的一条——感激之情，所有这些都将是徒劳的。

沃尔玛管理层的所有人都喜欢赞扬，他们会在公司中寻找一切可以被赞扬的事，寻找出色的东西。当员工有杰出表现时，公司要让所有人知道，让他们了解自己对公司的重要性。

但是如果某人工作没有做好，必须诚实地向他指出。纠正错误使公司所有人都得益。

没有什么比让某人知道，你多么感激他的工作，能更好地促使他以正确的方法行事了。如果你做到了这一条，人类的天性就会表现出积极的一面。

安迪·西姆斯是阿肯色州罗杰斯的沃尔玛1号分店经理："当我刚开始在得克萨斯州西部的沃尔玛商店干事时，我们期盼董事长来商店参观时的感觉，就像等待一位伟大的运动员、电影明星或州政府首脑一样。但他一走进商店，我们原先那种敬畏的心情立即就被一种亲密感所取代。"

山姆以自己的平易近人的姿态，把笼罩在他身上的那种传奇和神秘色彩一扫而光。山姆常会以"你在想什么"或"你最关心什么"作为谈话的开端。

参观结束后，商店中的每个人都清楚，山姆对他们所作的贡献怀有感激之情，不管它多么微不足道。每个员工都似乎感到了自身的重要性。这几乎就像老朋友来看你一样，山姆从不让他们失望。

要想建立真正的合伙关系，有一点必须提到，那就是走进员工的生活，倾听他们的心声。那些远离其员工，出了问题也不愿不耻下问的经理人员永远也不可能成为员工真正的合伙人。

管理中的一些问题常常令人感到精疲力竭和沮丧，就像那些整天在货架旁整理货物的员工感到疲惫和沮丧一样。他们有时得为一些无法置之不理的问题冥思苦想，需要找到一个愿意听他们倾诉，并能帮其解决难题的人。因此，尽管沃尔玛公司规模庞大，仍坚持开放政策。

戴维·格拉斯说："如果你在沃尔玛公司待上一段时间，你会对下述事情毫不感到奇怪：某人会在一时冲动之下，驾车从费城或密西西比州来到本顿维尔，然后坐在门厅里耐心地等着见董事长。事实上，有多少身价500亿美元的公司董事长会100%地接见所有上门求见的员工？我知道许多大公司里的人从未见过他们的董事长，更不用说与他交谈了。"

这并不意味着他们总爱听山姆的话，或者一定能解决他们的问题，而且也并不会因为他们把情况告诉了山姆，山姆就站在他那一边。但如果员工是正确的，就必须否定其管理者或给他们造成麻烦的人的做法，否则开放政策对任何人都无意义。

山姆的原则是，如果打算承认全国各地的商店员工是他的合伙人，那么山姆至少要做到在他们遇到麻烦时听他们把话讲完。

沃尔玛公司业务执行副总经理迪安·桑德斯说："我总是感到，对山姆来说，商店的经理和员工就是皇帝。他热爱他们，他们也的确感到他的心扉是敞开的。他会去视察商店，而

回来后给我打电话说：'让这个小伙子去管一家商店吧，他能胜任。'我会对此人的经验等表示出一些疑虑，而他会说：'给他一家商店吧，让我们瞧瞧他怎么做。'当然，另一方面他也绝对不能容忍经理虐待其商店员工。当他发现有这种现象发生时，他会立即召集我们加以解决。"

沃尔玛公司的合伙关系不是停留在口头与表面的，它是实实在在地让每位经理都感受到的责任感与成就感。这一管理思路是沃尔玛迅速扩张、稳步前进的有力支撑。

沃尔玛的合伙关系不只包括对公司及赢利的责任上，还表现在各经营实体资金与利润的相对独立。它在极大程度上使员工能把整体利益置于个人需要之上。

第七节　顾客至上

顾客满意是保证未来成功与成长的最好投资。

——山姆·沃尔顿

山姆·沃尔顿比其他任何人都懂得，任何企业的存在都离不开顾客。他一生奉行的信条是：让顾客成为所有工作和努力的中心。另外，在为沃尔玛公司的顾客提供完美服务的过程中，他也会以特殊的方式服务于沃尔玛公司的员工、合伙人、社区及其他股东。

　　"让顾客满意"是沃尔玛公司始终坚持的首要目标。山姆说："顾客满意是保证未来成功与成长的最好投资。"沃尔玛为顾客提供"高品质服务"和"无条件退款"的承诺不是漂亮的口号，在美国，只要是从沃尔玛购买的商品，无需任何理由，甚至没有收据，沃尔玛都会无条件受理退款。

　　事实上，如果从顾客的角度考虑，就会有许多需要调整或改进的地方。如：商品品种繁多、质量优良、价格低廉，提供满意保证、友善和在行的服务、方便的购物时间、免费停车场、愉快的购物环境。试想，当你来到一家比你的期望更好的商店时，你就会喜欢它；反之，如果一家商店给你带来不便或不快，或对你不理不睬时，你定会讨厌它。

　　艾丽斯·沃尔顿："星期六的本顿维尔广场周围的确与往常不同。父亲会把一些货物搬到人行道上，甚至搬到街中心，那儿总有大批人群。那儿是圣诞老人和彩车游行队伍经过的地方。对于还是孩子的我来说，似乎每个周末都有马戏团演出或狂欢活动。我喜欢星期六。我把自己的爆米花机摆在人行道上，生意忙得我团团转。每个人都喜欢尝尝我的爆米花，当然我的许多顾客又会到商店里去转转。生长在这样的环境中真是太棒了。"

　　一位沃尔玛分店成功的竞争对手唐·索德奎斯特说："如果你是个无竞争对手的商人，你就可以索取高价，晚开门，早打烊，并且在星期三和星期六下午休息。你的经营也可以墨守成规，结果依然会一切正常。但当出现竞争时，你不能指望顾客由于老关系的缘故仍然忠实于你。成功地与沃尔玛公司或其他大零售商相抗衡的办法有许多。这些方法的背后有一个很基本的原则：你必须把注意力放在顾客的需求上，然后去满足它。我有与沃尔玛公司竞争的亲身经历，所以知道该怎么做。你得开发自己的独特之处，然后进行大量投资。而且我得告诉诸位，并非所有小镇上的零售商都恨沃尔玛公司。有些人也学会了如何成功地对付沃尔玛公司。"

在科罗拉多州惠特里奇的沃尔玛商店开张后不久，有位女士跑来对山姆说："我想对你们的到来表示由衷的感谢。这真是再好不过了。"山姆向她表示了谢意，并问她在镇子里是做什么的，她回答说："我就在这儿商场内开油漆店。"

她接着说，沃尔玛商店开张的那天成为她的油漆店开张以来生意最好的一天。

"你们把所有人都吸引到商场中来了。这个周六对我来说真是双喜临门。有个顾客到我们商店来寻找某种油漆，并且说他知道我们有货，因为他曾到沃尔玛商店去找过，油漆部经理告诉他我们有货，并带他到我们这儿来。这对我来说真是太棒了。"

沃尔玛的人把顾客送到油漆店，这是分内之事，因为关心顾客是沃尔玛人的职责。也有一些小型商店在沃尔玛来到镇子前就自行关闭了。他们听说沃尔玛要来，害怕竞争，便不战自退。山姆认为，那些人之所以一遇见强敌就弃甲投降，急于关门大吉，是因为他们并没有真正经营好自己的生意，没有从顾客的角度考虑问题。

如果有些地方由于种种原因反对沃尔玛到他们那儿开店，那山姆就会选择其他也许不太感兴趣，但却不会引起争执的地方。山姆不想惹这类麻烦，因为有好多的镇子希望他们去呢。

沃尔玛商店只到受欢迎的地方去。山姆常说，检验某个商店开得是否正确的最简单办法是在开店多年的镇子上进行民意测验，看看当地居民是否希望这个商店留下。事实上，沃尔玛也的确关闭过一些商店，因为它无法盈利，遭到居民的强烈反对。山姆认为，这是取得成功必须付出的代价。

戴维·格拉斯说："我去过一家商店，碰到经理及其助理正同一位部门经理一起巡视她的部门。他们问，'如果你是顾客，你怎么才能买到那件物品呢？'那儿很挤，她把那件物品放到了顾客够不到的地方。他们又问：'如果你是顾客，你还打算买哪些与之相关的东西呢？又怎么才能找到呢？'"

如果你从顾客的角度考虑，你就会把商品陈列和花色品种的搭配放在首位。这并不是件容易的事。要从顾客的角度考虑，你必须想到许多细节问题。有人说"零售就是细节"，这话太对了。而从另一方面看，这又十分简单。如果顾客是老板，你所做的一切就是让他们满意。这比制作电脑报告、资金周转报告，及其他任何种类的报告，甚至用电脑程序设计商品的摆设更实惠。

自从沃尔玛公司创立以来，所做的每件事都围绕着一个核心观念，即顾客是老板。这一观念曾给沃尔玛带来的麻烦和争端令山姆很吃惊，但都让他轻而易举地对付过去了，因为他从不怀疑沃尔玛的经营哲学——顾客第一。

山姆有句名言："请对顾客露出你的八颗牙。"在山姆看来，只有微笑到露出八颗牙的程度，才称得上是合格的"微笑服务"。山姆还教导员工："当顾客走到距离你十英尺的范围内时，你要温和地看着顾客的眼睛，鼓励他向你咨询和求助。"这一条被概括为"十英尺态度"，成为沃尔玛的员工准则。

沃尔玛每周都有对顾客期望和反映的调查，管理人员根据电脑信息系统收集信息，或通过直接调查收集到的顾客期望，即时组织采购，更新商品的组合，改进商品陈列摆放，并营造舒适的购物环境。

沃尔玛企业文化中"不要把今天的工作拖到明天""永远提供超出顾客预期的服务"等规则，早已写进了营销教科书。

第八节　感恩社会

> 每种权利都是一种义务，每个机会都是一种责任，每项财产都是一种职责。
>
> ——约翰·D·洛克菲勒

创造庞大的个人财富从来都不是山姆·沃尔顿的目标。直到去世前，山姆和他家人的财富仍然只是沃尔玛公司的股票。也许大多数人处于像山姆这种地位，早就将财富转移并分散到其他各项投资上。但山姆并没有那样做，他这种非常个人化的投资策略证明比任何人所能预期的还要好。因此，沃尔玛公司的股票使沃尔顿家族成为一个非常富有的家族，虽然只是在纸面上而已。

山姆·沃尔顿处理财富的方法非常单纯。他把心思放在经营沃尔玛公司的商店和山姆俱乐部上。而从来没有把时间和精力花在考虑如何处理家族的财富上。他从未打算出售我们的股票。即使这样，每年股票的红利收入越来越多，那才是他真正可以动用的财富。

山姆从不给不相干的陌生人任何好处。因为他不觉得自己有钱就有责任出面解决任何问题，个人的、社会的或是国家的。但是只要有正当的理由他却愿意尽可能利用个人的资源，以他认为最好的方式，协助最需要帮助的人们。

沃尔顿家族的捐赠涉及了许多方面，遍及许多组织，而重点是在于教育。

他们绝大多数的捐赠是匿名的，或是要求不公开捐赠者的姓名，因为山姆认为这是他们自己的事，与别人无关。

除了许多教育机构以外，沃尔顿家族捐赠的对象还包括教会组织，以及社区的建设项目，如动物园、图书馆、休闲设施等。他们还赞助医院、医学研究计划，以及艺术团体、剧团、交响乐团。也捐钱给环境保护团体、退伍军人组织、经济发展团体，以及自由企业团体，并资助公私立学校。

他们也曾赞助全国性的组织，或是纽约与华盛顿等影响全国的大都市里的各种活动。海伦对许多机构的赞助都很积极，其中包括基督教长老会、欧扎克大学、国立女子美术馆等。山姆支持的团体有"公民反政府浪费组织""自由企业学生组织"以及"阿肯色州商业协会"。

沃尔顿家族还曾设立了一个特殊奖学金计划，帮助中美洲的学生到阿肯色州读大学。约有180名学生得到了赞助，他们分别在3所阿肯色州的大学注册就读。山姆每年支付每名学生1.3万美元用于学费、交通、书籍和住宿，这是在中美洲旅游时想到的一个计划。

当山姆知道一些国家的成人将他们的价值观灌输给来自其他地区的孩子时，他认为美国也应传播自己的价值观。山姆希望孩子们了解自由企业制度的无限潜力，而且让他们自己看看一个安定的民主政府的各种优点。

此外，山姆认为这能帮助那些孩子们上学，否则他们可能就没机会受大学教育，而且他们回国之后可能有助于解决国内经济发展的问题。山姆想也许他们中有人日后在洪都拉斯、巴拿马或危地马拉，甚至尼加拉瓜经营着沃尔玛公司或山姆俱乐部。

沃尔顿家族还在家乡给沃尔玛公司员工的子女提供每年6000美元的奖学金，资助70名学生。

山姆坚持，不管赞助什么样的活动，都应该具备相同的价值观。例如，沃尔顿家族提供大学奖学金，总是要求获得奖助的学生必须是半工半读。而沃尔玛也喜欢雇用半工半读的学生——无疑这跟山姆的成长背景有关。但他认为这样做可以激励那些未受过教育的孩子完成学业，而且使他们了解读书所能带来的好处。

沃尔顿家族热衷于教育改革，并不是因为某些人的意见，或是看到某篇文章，而是从每天的商店经营中看到改革的必要。以前，只要你聪明伶俐加上努力工作，就可以在沃尔玛公司中得到升迁的机会。但是如今公司组织非常复杂，而且在科技与通讯领域内发展十分迅速，这方面的技术与知识已成为经营必不可缺的部分。所以必须给员工提供更好的教育与训练，这是沃尔玛成败的关键。

有许多公司利用慈善活动来提高公司的形象，也就是考虑公司所能实现的利益。沃尔玛公司则是一种完全不同的企业，他们不断改善管理，是要为在社区生活和工作的人们提供更美好的东西。沃尔玛公司由于经营有效，为顾客节省了数十亿美元。为顾客节省金钱，这本身就是一种回报，它也是沃尔玛公司经营哲学的基石。

比如，从1982年到1992年，沃尔玛的平均营业额是每年130亿美元，总计是1300亿美元。保守估计沃尔玛为顾客节省了10%，就等于为顾客节省了130亿美元。这也正是顾客如此喜爱沃尔玛的原因。就实际情况而言，沃尔玛公司大大改进了许多乡村地区的生活水平。

沃尔玛对自己的员工也很照顾。沃尔玛员工们有大约20亿美元的利润分享基金。每年，每家沃尔玛公司的商店还资助该社区内的一名学生，给予奖学金1000美元。

归根到底，沃尔玛公司不是慈善事业，也不应该是。从公司拿走大笔现金捐赠给慈善机构，对股东或顾客来说，其实是不公平的。

几年前，海伦说本顿维尔的员工需要一流的运动设施，山姆便自己拿了几百万美元出来，再加上好几年的分红奖金以支付建造费用。山姆和海伦愿意拿钱出来，是为了表达对员工真挚的感谢。尽管这是一件很有意义的事，但山姆认为要求顾客或股东付这笔钱是不对的。

沃尔玛公司的一些干部可能想要编制一大笔预算来搞慈善事业，但山姆没这么做，因为股东喜欢多分红利，他们可以拿去搞自己的慈善活动。

沃尔玛公司回报社会的最重要方式，就是利用这个庞大企业的力量来进行变革。曾有一段时间，大约20世纪80年代中期，沃尔玛公司同其他美国零售商一样，从海外进口大量商品，因为国内生产商无法提供质量好、价格合理的产品。山姆觉得，只靠盲目的爱国心，让大家不计成本地购买本国货是不切实际的做法。

如果美国产品生产有效率，能够提供良好的价值，大家都会采购美国货。山姆认为商家们不能在此大发慈悲，不能补助那些低于标准或无效率的生产。所以他举办的"把美国带回家"活动的主要目标是要同美国制造商们合作，并且看看他们的庞大采购力量能否帮助生产商们交运货物和节省制造工作。

山姆曾发出一封公开信给沃尔玛的供应商，邀请他们和我们一同参与这个计划。并告诉他们："沃尔玛公司相信美国工人可以做得很好，如果管理层好好领导的话。"

这一活动成果显著。事实上，如果沃尔玛公司进行大量采购，并让厂商有充裕的时间生产交货，许多美国制造商都能在原材料购买、人员调配与库存成本方面节省下许多金钱，获得可观的效率。因此，他们能够以竞争价格提供许多商品——如法兰绒衬衫、蜡烛、男士针织衫、女士绒线衫、自行车、海滩浴巾、照相软片、录像带、家具，甚至玩具。

只要价钱和质量相差不超过5%，沃尔玛就会选择美国产品。毕竟海外进口存在许多隐含成本。沃尔玛曾挽救一个阿肯色州服装厂，它的总经理法里斯·伯勒斯说："当时我们为了维持这里90人的就业机会，每个季度都辛苦经营，直到山姆·沃尔顿出现。他要求我们生产5万打法兰绒衬衫。我与许多买主们谈过生意，只有他看着我的眼睛对我说：'孩子，如果你无法从这笔生意赚到钱，就不要做。'大多数零售商才不管制造商能否赚钱呢。现在我们为沃尔玛公司生产250万件衬衫，而且员工人数从山姆先生打电话时的90人发展到今天的320人。我们知道这都是沃尔玛公司的赐予，每年圣诞节我们的员工都会感谢沃尔玛公司。"

这项计划完全不包含任何慈善因素，却拯救了数百人的前途。事实上，这也对沃尔玛公司有直接的好处。每挽救一个工作机会，就为沃尔玛公司创造一个潜在顾客，因为他不必担心没有钱购物。他们有工作，我们有顾客，因此双方都能从中得利。

法里斯公司是沃尔玛"把美国带回家"活动的一个成功案例，自此以后沃尔玛与各大小厂商做了不少生意，包括菲尔德克雷斯特·坎农公司（Field Cannon），3M公司，阳光公

司（Sunbeam），米罗·福莱公司（MirroF），美国电子公司（U.S.Electronics），肯托格斯公司（Kentogs），资本使者公司（Capital-Mercury），咖啡先生公司（Mr.Coffee），拉斯可公司（Lasko）以及赫菲公司（Huffy）。

该计划从1985年开始，到1991年底为止，估计从国外采购转为购买美国制造的商品，其零售总值超过50亿美元。为了让每个人记得这件事，沃尔玛公司将最近的成绩与成功故事贴在采购人员出入大楼必经的门口，从而让他们在下订单之前，再好好考虑一番。

出于相同的精神，沃尔玛很早就投入环境保护工作，鼓励供应商与制造商减少不必要的浪费，例如过分的包装。目前沃尔玛较新的计划是，将自创品牌的"山姆美国精选"（Sam's American Choice）产品营业额的2%捐作奖学金，提供给学习数学、科学与计算机的学生们。

关于回报社会，山姆说："以前我们处于竞争劣势，必须锱铢必较才能生存，现在我们仍要精打细算，但是更加不可滥用我们的力量。我们必须找出更多的方法，比如"把美国带回家"之类的活动，从而利用我们的影响以回报社会。"

Sam Walton

第十章　应该知道的沃尔玛

Sam Walton

第一节　他是"美国梦"的缩影

> 他（山姆·沃尔顿）是一个地道的美国人，他的历史生动地展现了创业精神，是"美国梦"的缩影。
>
> ——美国前总统布什

山姆在生前的最后两年里，一直与骨癌和脊髓瘤奋战不懈。自从病情确诊以后，他就知道已经无可救药了。就像他一生中面对其他挑战一样，山姆也是勇敢地面对病魔，充满乐观精神并尝试以新的方法去克服。因此，在全家人的鼓励下——并且在儿子约翰亲自悉心照料下——山姆跟着一群优秀的医生进行了许多实验性的治疗。

他虽然接受治疗，但是从不花太多时间去谈论他的病，或者寻找可能治疗的方法。相反，他依然选择他最喜欢的工作，将时间和精力都花在搭乘飞机巡视各家沃尔玛商店和看他喜爱的同事上。到1991年底，病情已不允许他到处奔波。

在与病魔做最后斗争的时间里，山姆得到了他一生中最大的惊喜。白宫准备颁给他总统自由奖章，那是美国公民一生能得到的最高荣誉。布什总统和第一夫人准备到本顿维尔亲自把奖章颁给山姆，山姆也因此荣誉而感到十分欣喜。

颁奖典礼在1992年3月的一个早晨举行，地点在沃尔玛总公司的大礼堂内，那也是山姆举行过无数次星期六晨会的地方。

山姆邀请来几百位公司同仁参加典礼。在那个特殊的日子他们齐聚一堂，对山姆·沃尔顿充满了爱戴。他们给了总统一个最为热烈的沃尔玛式欢迎，布什总统夫妇颇感意外。

山姆十分高兴，他把它称之为"我们整个事业最荣耀的一刻"。他将他所有的荣耀与公司同仁们分享。但这也是令人沉痛的一天，他必须坐在轮椅上被推上讲台，这是山姆最后一次和他的同仁在一起。

美国前总统布什给了山姆·沃尔顿这样的评价：

山姆·沃尔顿，一个地道的美国人，他的历史生动地展现了创业精神，是"美国梦"的缩影。他关怀员工，奉献社区。希望与众不同是他生平事业的特色。通过设立拉丁美洲奖学金，他使人们更加接近，并与他人共同分享他所代表的美国理想。他是忠实于家庭的男人，企业的领导人，也是倡导民主制度的政治家。山姆·沃尔顿具有诚实、希望和努力工作的美德。美国向这位商业领袖致敬，祝他的生活和他的事业一样成功。

山姆的长子罗布·沃尔顿，现任沃尔玛商店董事长，回忆山姆临终前的情况时说："颁奖典礼结束几天后，父亲住进了小石城的阿肯色大学医院。即使是他在世的最后几个星期里，他仍然很高兴地做他以前喜欢做的事。除了家人以外，去世前跟他谈过话的外人中，有一位就是当地沃尔玛商店的经理。他应我们的请求，来和父亲聊聊本周店内的销售数字。获得自由奖章后不到3周，也就是父亲74岁生日后数日，父亲与癌症的抗争终于结束。1992年4月5日早晨，父亲平静地走了——他面对死亡就像他面对生命一样令人深有所感。我们都会怀念他。"

虽然山姆·沃尔顿先生已经离我们远去，但他的理念与哲学却将永远引领我们走向成功。沃尔玛的成功在于他的领路人从不对现状自满。沃尔玛是一个有远见的公司，它珍视自己的过去，并善于从中总结经验教训，从而始终走在时代前列。

第二节　沃尔玛的十大原则

> 我喜欢挑战，尊敬那些向规则提出挑战和异议的人。
>
> ——山姆·沃尔顿

近50年里，零售业发生了很多变革，包括山姆自己对零售业的理解也发生过很多变化。但在整个历程中，沃玛特公司所坚持的大多数价值观念、规则和技巧却一直没有改变。其中有些只是简单的常识或古老的格言，看似不值一提，但常常被山姆提出，称之为"事情的关键"。比如，"勤奋工作"和"树立团队精神"是山姆谈到成功时必定想到的基本原则。

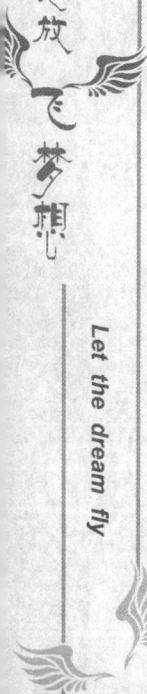

山姆认为不论你要建立多大规模的企业，毋庸置疑，创造一个协同工作的团队并且赋予其真正的"团结"精神很重要。

山姆认为想要成功，你就应该去追求目标，而且要把目标定得高一些。他就是这样做的，沃尔玛的员工总有自己的工作目标。而且，在每周六的晨会上，山姆会把他们共同的目标和实现情况写在牌子上。

山姆总结了沃尔玛企业成功的十大规则，但他说那只是些适合沃尔玛的规则，它们不是经营戒律。不过，最让山姆引以为豪的原则却是敢于冲破别人的规则。

山姆喜欢挑战，他尊敬那些向他的规则提出挑战和异议的人。他知道那样他便有机会对自己及公司进行重新审视，进而对已有规则改进或者创新。

沃尔玛成功的十大原则是：

原则1：敬业。

他坚持的信条是：如果你热爱工作，你就会尽自己所能力求完美，而不久你周围的每一个人也会从你这里感染到这种热情。山姆通过工作中的绝对热情克服了身上的缺点。

比起我们所知道的其他企业家，山姆是最敬业的人之一。除了每年挤出一个月时间全家旅游度假或做喜欢的运动外，几乎全部时间山姆都在努力工作着。

即使度假他也从没放过任何途中经过的商店。旅行中，山姆不顾孩子们的反对，独自一人走进异国他乡的商店打量一番，看看有什么可以学习或注意的。年年次次都如此，妻子和孩子们也就不再反对他这样做。受父亲的影响，山姆的孩子们

170

也都像他一样敬业。

山姆从未停下他的脚步。在本顿公司的办公室工作时，他会每天四点就来到办公室，独自思考公司需要解决的问题和下一个发展目标。如果不在公司，那一定是去哪个州视察分店了，看看那里的情况。

山姆对每个分店的情况总是了如指掌，即便后来开到几千家分店时依然如此。他的敬业精神感染了周围的每个人。他的司机、经理、秘书以及他常常看到的员工们，他们都记得山姆辛勤工作的情景。

山姆最喜欢的运动是打网球和狩猎。不同常人的是，他常常选择在中午练习或比赛，因为不想让员工们觉得他在工作时间做其他事。

山姆的敬业精神几乎做到了一丝不苟。

原则2：与所有同事分享利润，把他们视为合伙人。

把所有同事看作是合伙人，这一做法是山姆在开店20年后认识到的一个很有效的思想和作法。从实际情况来看，在这种工作环境中，员工们作为回报，也将把你当作一位合伙人，最终创造出超乎想象的业绩。

把所有同事当作合伙人不意味着大家可以平等地拥有公司、管理公司；而是管理层仍然保持对公司的控制权，但管理者应当以合伙制的精神来扮演一个公仆式的领导角色。鼓励同事们持有公司的股份，并将股权打折卖给他们，承诺退休后给予股票或现金。这是山姆认为对沃尔玛曾做过的最好事情。

原则3：激励你的合伙人。

企业成功的关键在于内部员工与管理层之间的关系是否和谐。不一定员工赚钱多的企业就会发展得好，当然赚钱太少的企业是很难有人会去为他服务。

仅仅有金钱和所有权分享的合伙人关系是不够的，因为慢慢地人们会对那些外在的东西感到麻木而起不到应有的激励作用。所以一个成功的企业还应是充满感激之情、相互赞扬和激励的团体。

应该经常想一些新的、较有趣的办法来激励你的合伙人。设置高目标，鼓励竞争，并且进行评分，奖励要丰厚。如果招式已变得乏味，可以进行交流以推陈出新；比如让经理们互相调换工作以保持挑战性。也可以设置一些谜团或疑问，让每个人都去猜测你下一步的计策会是什么。也就是寻找一些能发人深省的鼓励方法，以促进团结和竞争。

原则4：交流沟通，也就是信息分享，责任分担。

成功的企业家应尽可能地同你的合伙人进行交流，他们知道越多，理解就越深，对集体和事物也就越关心。一旦他们开始关心，什么困难也不能阻挡你们的步伐。

如果不信任自己的同事，不让他们知道事情的进程，他们就会认为你没有真正把他们看作合伙人。

信息就是力量，你把这份力量给予你的同事后所得到的益处，远远超出消息泄露给竞争对手所带来的风险。

原则5：感激你的同事为公司所做的每一件事。

支票或股票可以换来某种忠诚，但大多数人还是喜欢某人为感谢他而做的一切。我们喜欢听到这种感谢，特别是当自己做了某项引以为豪的工作时，对方也一样。所以不要收敛你的感激之情，不必吝惜你的感谢之词。任何东西也不能替代几句精心措辞、适时而真诚的感激言辞。它们不花一分钱，但却珍贵无比。

原则6：成功要大肆庆祝，失败则不必耿耿于怀。

不要对自己过于严肃，尽量放松，这样你周围的人也会放松，充满乐趣，经常地显示激情。当不幸遭遇失败时，穿上一套戏装，唱一首傻呵呵的歌曲，其他人也会跟着你一起演唱。设计出你自己的新噱头。所有这一切将比你想象到的更重要、更有趣，而且它会迷惑对手。"我们何必过于认真对待沃尔玛公司的那些蹩脚乐师呢？"

原则7：倾听公司中每一位员工的意见，并要想方设法广开言路。

第一线的员工——真正与客户进行交流的人们——才是唯一知道实际情况的人。要尽量了解他们所知道的事情，这实际上也是全面质量管理的内涵。为了在组织中下放责权，激发建设性意见，你必须倾听同事们试图告诉你的一切。

如前所述，山姆做到了。任何一位来见他的员工，不论是经理还是摆货员，都能得到应有的尊重。也许问题并不能立即得到有效的解决，但至少他们说出了自己想说的话，你也知道了某种实情。

原则8：做得比顾客所期望的更好。

做零售业，实质上也属于服务业。既然如此，我们就应该做到至少与顾客的需要同步。而要想得到更高的忠诚度，我

们所做的事情就要超出顾客所期望的最佳状态。如果你这样做了，他们将成为你的回头客。

给予他们所需要的，并在此基础上再增加一点什么。让客户知道你感激他们。妥善处理你的过失，诚心道歉，不要找借口。山姆曾在第一家沃尔玛商店标牌上写过最重要的四个字"保证满意"。这标牌一直竖立着，它们造就了沃尔玛所有的这一切变化。

原则9：比对手更好地控制费用。

外部赢得利润，内部会精打细算才是企业获得成功的基本法则。学会更好地控制费用，无意中就发展了更多的竞争优势。

在沃尔玛公司成为全美最大的零售商之前，行业内沃尔玛的开支费用与销售额之比就一直位列最低。公司能高效营运，在犯有很多不同的错误后依然能恢复元气。但如果运作效率低下，那么就可能只显赫一时，最终却会一败涂地。

原则10：逆流而上，另辟蹊径，藐视传统的观念。

山姆一生中听得最多的一句话就是：在一个不超过5万人口的城镇，一家折扣商店是难以长久维持的。

事实并非像人们说的那样。小镇起家有利亦有弊，山姆掌握住了它的优势并尽可能丰富了它的内涵和销售力。所以沃尔玛在山姆的带领下能稳步顺利地一次又一次地突破商业壁垒，走向全盛。

如果山姆像其他人一样在大城市开店，像其他人一样一直用汽车来巡视各地，也像所有富翁一样过奢侈的生活，沃尔玛以及沃尔顿家族就不可能取得这样的成就，更不可能铸就零售帝国。

山姆的成功要素里有一项就是选择好自己的路，坚定地、因地制宜地、与时俱进地走下去。

这些看似十分平常的规则，有些人可能不屑一顾，但它确实很有效，给沃尔玛带来很多优势。这些看似简单的原则，真正的意义在于，你要不断地想出办法来执行这些规则，但不能墨守成规，因为周围的事物总在变化。若要成功，你不得不走在变化发生之前。

第三节 沃尔玛给我们的启示

那些不为顾客着想，不从顾客的利益出发的公司，他们早晚会在激烈的竞争中受到重创；而那些过于贪婪的家伙注定会被淘汰。

——山姆·沃尔顿

从某种意义说，沃尔玛改变了美国的零售业格局。零售业的经营哲学由于优秀折价零售商的产生而得到彻底改变，而山姆是这些折价零售商中最优秀的。

从一开始，沃尔玛的目标就是薄利多销，充分利用自己的

力量，同供应商打交道，以便让他们为顾客提供最好质量的商品。直到现在，有些从事零售业的人在设法提高商品的售价，实际上他们走错了路。

启示1：那些不为顾客着想，不从顾客的利益出发的公司，他们早晚会在激烈的竞争中受到重创；而那些过于贪婪的家伙注定会被淘汰。

启示2：自由企业是现代社会进步的动力，没有什么能与以市场经济为基础的自由社会相比较。任何事物都不可能动摇这一制度，除非领导和管理层变得自私和懒惰。将来自由企业制度将会运作得更为完美，这就意味着大家都可从中获益，包括工人、股东、公众，当然还有管理者，但其条件是管理阶层必须有一种公仆式的领导作风。

启示3：在分配格局过于一边倒的情况下，是不可能建立团队精神的。整块蛋糕，管理者分得过多，而工人甚少，收入差距太大不利于公司长远发展。

从沃尔玛的经验可出看出，如果把经理们的收入和公司经营状况，或者与给股东们的投资回报，或者与一些能反映他们工作成就的衡量指标挂起钩来，企业就会运作得更好。而且，应该制定一个公式，根据各自的贡献和风险，公平地分配利润给工人、股东和管理者。

沃尔玛公司支付给管理者的薪水比一般企业水平低，有时可能显得过低，但他们经常可以获得公司奖励的股票红利和其他与企业经营密切相关的东西。公司发达了，他们也就富了，这绝不是巧合。

启示4：赋予一线工作者更多的决策责任。一线员工是指那些每天和顾客打交道的人。良好的管理首先应该倾听第一线员工们的声音，汇总他们的建议并把这些意见分解到各执行部门，这是所有成功企业正在做的事情，比如3M公司、惠普公司和通用电气公司以及沃尔玛公司。只要去倾听和寻找，优秀的点子无处不在。不去倾听就不可能知道谁将会有一个好主意。沃尔玛可以用零售业去改变整个世界，他们比日本人干得更出色，因为他们更具革新与创造精神。

沃尔玛可以同孟加拉或其他地方的廉价劳动力相竞争，因为沃尔玛拥有高技术，可以提供更高效率的机器设备。

沃尔玛可以超越传统的竞争对手关系，可以与他们的供应商和雇员建立一种共同制胜的合作关系。这使山姆等人将更多的精力与才华集中于重要的事情，以满足顾客们的要求。

启示5：要想有所成就，那么必须克服人类天性中最顽强的阻力，即对变革的抵制。为了在这个世界中获得成功，你不得不时刻进行变革。

启示6：尽量与员工平起平坐，否则团队就会出现裂缝。并不是说，每家公司都应该像沃尔玛那样小气。并非每个行业都要像折价零售业一样，尽可能为顾客省下每一块美元。但不论在哪一行业，我们都可以与普通员工平起平坐，避免他们产生抵触情绪。山姆出差会坐二等舱，许多人对此很不理解，认为他没有必要如此节俭。但山姆认为，如果自己坐头等舱，而要求别人坐二等舱，这就会在对方的思想里种下不公平的种子，不利于日后让他以主人翁的立场去考虑问题和完成任务。

年迈退居后，山姆希望，沃尔玛式的思想能在更广泛的地域传播，因为这确实对人类有益，对提高人们的觉悟和生活质量有帮助。

为了保持沃尔玛公司在公众心目中的地位，公司管理者们必须研究回馈公众的更多途径。同时山姆早已着手研究进一步扩展沃尔玛影响的方法，以获得更多的、全面的社会理解。

正如山姆说过的，美国迫切需要一场教育革命。除了出于私利之外，他希望沃尔玛公司能够为之作出贡献。若没有强有力的教育制度支持，自由企业制度就不会正常运作，而像沃尔玛、IBM、普罗克特-甘布尔这样的公司就不会出现在舞台上，国民经济实力就得不到加强。你或许很难相信这一点，但这句古老格言却百试不爽：付出越多，回报越厚。

启示7：如果你想获得与沃尔玛可相提并论的成就，那你必须具有对经营管理不断进行研究和提出问题的态度和能力。只要你有足够优秀的构想去走完全程，只要你有足够的决心去追求，类似沃尔玛这样的故事就会一遍又一遍重演。

启示8：在一个自由的国家里，开店成功与否完全取决于顾客。

有人问到已退了休的山姆，如果你是一个有着相同天才与精力的年轻人，怀着与50年前一样的抱负，从现在开始创业，会从事什么工作，山姆说："我一定会去推销一些东西，我希望是在零售业，在那儿我能和街头的顾客直接打交道。我想我会研究今天的零售业并且提供最大的承诺：消费者将会花费最少的钱。"

附录　沃尔玛公司的发展大事记

在沃尔玛公司成立之前，山姆·沃尔顿从事零售业已达15年之久。1945年9月，山姆的第一家商店在阿肯色州小镇新港开业。1951年全家搬到本顿威尔，并在那里买下了一家名叫哈里逊的杂货店，小店被命名为"沃尔顿廉价商店"。

1962年，山姆·沃尔顿创建公司，在阿肯色州罗杰斯城开办第一家沃尔玛百货商店。

1969年10月31日，成立沃尔玛百货有限公司。

1970年，在阿肯色州的本顿维尔镇成立了公司总部和第一家配送中心。

1972年，沃尔玛公司股票获准在纽约证券交易所上市。

1975年，山姆·沃尔顿受韩国工人的启发，引进了著名的"沃尔玛欢呼"。

1983年，在俄克拉荷马州的中西部开设了第一家山姆会员商店。

1984年，山姆·沃尔顿实践对员工的许诺，公司税前利润达到8％，他在华尔街跳起了草裙舞。

1984年，大卫·格拉斯出任公司总裁。

1987年，沃尔玛的卫星网络完成，是美国最大的私有卫星系统。

1988年，大卫·格拉斯出任公司首席执行官；首家沃尔玛购物广场在密苏里州的华盛顿开业。

1990年，沃尔玛成为美国第一大零售商。

1991年，沃尔玛商店在墨西哥城开业，沃尔玛开始进入海外市场。

1992年4月5日，山姆·沃尔顿先生辞世；4月7日，S·罗布·沃尔顿出任公司董事会主席。

1993年，沃尔玛国际部成立，波比·马丁出任国际部总裁兼首席执行官；12月，首次单周销售额达到10亿美元。

1994年，在加拿大收购了122家Woolco商店。

1995年，进入阿根廷和巴西。

1996年，通过成立合资公司进入中国。

1997年，成为美国第一大私人雇主，美国拥有68万名员工，在美国本土以外有11.5万名员工；沃尔玛公司股票成为道琼斯工业平均指数股票；沃尔玛年销售额首次突破千亿美元，达到1，050亿美元。

1998年，收购21家Wertkauf，进入德国；首次引入社区店，在阿肯色开了3家社区店。年度慈善捐款超过1亿美元，达1.02亿美元；通过成立合资公司，进入韩国。

1999年，员工总数达到114万人，成为全球最大的私有雇主；收购了ASDA集团公司（有229家店），进入英国；在德国收购了374家Interspa连锁超市。

2000年，在《财富》杂志的"全球最受尊敬的公司"中排名第5；李斯阁出任沃尔玛公司总裁兼首席执行官。

2001年，单日销售创历史纪录，在感恩节次日达到12.5亿美元；在《财富》杂志公布的世界500强企业排名中位居榜首，并在《财富》杂志"全美最受尊敬的公司"中排名第三。

2002年，收购日本西友百货部分股份，进入日本；在《财富》杂志公布的世界500强企业排名中位居榜首，并在《财富》杂志"全美最受尊敬的公司"中排名第一。

2003年，在《财富》杂志公布的世界500强企业排名中位居榜首，并在《财富》杂志"全美最受尊敬的公司"中排名第一。

2004年3月4日，在深圳召开其全球董事会会议。

2005年11月4日，对日本零售企业西友百货公司（Seiyu Ltd.）实施10亿美元援助计划，增持西友股份到56.56%。原沃尔玛全球高级副总裁兼首席运营官埃德·克罗兹基于12月15日接任西友公司CEO。

12月14日，以7.64亿美元的价格从葡萄牙集团Sonae SGPSSA手中收购了其在巴西的140多家大小超市、百货店、批发市场，并巩固了其在巴西零售业排行第三的位置。

12月22日，深圳山姆会员商店乔迁新址，新山姆会员商店营业面积比原山姆店增加了5000平方米，停车位是原山姆店的3倍多。

2006年3月，取得中美洲最大零售商中美洲零售控股公司的控股权，并将该公司更名为"沃尔玛中美洲公司"。由此拓展了其在哥斯达黎加、危地马拉、萨尔瓦多、洪都拉斯和尼加拉瓜的业务。

8月28日，深圳配送中心由蛇口搬迁至龙岗区坪山镇，第一期使用面积比原配送中心的面积增加一倍。

2007年8月，沃尔玛与印度巴帝集团成立合资公司，为印度的零售商、制造商和农民提供商品批发服务。

2008年2月21日，沃尔玛宣布计划未来7年在印度开设10至15家大型现购自运批发店，正式进军印度批发市场。

10月22日，沃尔玛全球可持续发展高峰会议在北京召开，会议邀请了超过900名的官员和供应商代表，探讨全球变暖条件下的节能减排、减少包装的环保新举措。

11月21日，董事会选举麦道克（MikeDuke）接替李斯阁（LeeScott）当选公司首席执行官。

2009年1月7日，董明伦（Doug McMillon）被提升为沃尔玛国际部总裁兼首席执行官。

截止到2009年，沃尔玛中国"农超对接"项目先后在14个省、直辖市建立了28个农超对接基地，面积30万亩，带动农民28.3万人。

10月30日，沃尔玛高管代表团参观世博会美国国家馆建设。代表团成员包括了沃尔玛国际业务总裁兼首席执行官董明伦（Doug McMillon）、沃尔玛亚洲区总裁兼首席执行官贝思哲（Scott Price）、沃尔玛中国总裁兼首席执行官陈耀昌（Ed Chan）等。

11月2日，沃尔玛全球总裁麦道克等高管一行访问中国。一行主题为：一，继续推进沃尔玛对可持续发展的承诺；二，强调沃尔玛对中国作为零售业主要增长驱动力及沃尔玛全球供应链关键市场的重视和信心。

2010年2月25日，沃尔玛宣布温室气体减排目标——到2015年底之前从其全球供应链中削减2千万吨的温室气体排放量。这相当于此公司在未来5年内预计全球碳足迹增量的1.5倍，相当于一年从公路上减少380万辆以上的汽车。

4月6日，沃尔玛公司公布其全球年度慈善捐赠额的最新统计结果，2009年2月1日至2010年1月31日，在全球市场捐赠资金及物资累计超过5.12亿美元。

4月15日，《财富》杂志公布了美国五百强企业新榜单，全球最大零售商沃尔玛取代石油巨头埃克森美孚登上榜首。

5月28日，沃尔玛旗下Asda斥资7.78亿英镑（合11亿美元）从Dansk Supermarked AS收购拥有193家连锁店的英国折扣零售商Netto Foodstores集团。Asda2009年销售额为312亿美元。

2011年7月27日，沃尔玛进军电影租赁市场。